漢字

기탄 교과서 한자가 초등 한자교육의 기준이 되겠습니다

기탄의 교육이념과 함께 하며 자녀 교육을 몸소 실천해 주신 수백만 학부모님의 사랑으로 이제 기탄은 학부모님께 자녀교육의 기본이자 시작으로 인식 되고 있습니다. 값비싼 사교육비를 들이지 않고도 '과연 내 아이를 잘 가르칠 수 있을까?' 하고 의구심을 가졌던 분들도 기탄으로 자신 있게 가르치며 남다른 학습효과를 보고 있다고 이구동성으로 말씀하십니다.

최근 들어 기탄교재로 공부하는 어린이들이 폭발적으로 증가하고 있는 것은 그 동안 타성에 젖어 비싼 사교육에만 의존하던 학부모님들의 의식에 일대 변혁이 일어나고 있다는 증거이며, 자녀교육의 새로운 시작을 알리는 메시지라고 생각합니다.

초등한자의 바이블! 기탄교과서한자입니다

기탄교육은 기탄한자(A~D단계) 이후 학습할 수 있는 한자 학습프로그램을 만들어 달라는 학부모님들의 많은 성원에 힘입어 새롭게 기탄교과서한자를 선보이게 되었습니다. 기탄교과서한자는 기탄한자의 연계 학습프로그램으로 초등교과서 90여권을 총 분석, 10만여 한자어를 정리한 방대한 데이터베이스를 확보하였습니다. 이 중 교과서 출현 빈도, 중학교 교육용 필수 한자 범위 내에서 530여 한자어를 국어, 수학, 사회과 탐구 등 다양한 영역의 한자를 학습하게 했습니다.

특히 학교별 학력평가시험(일제고사) 부활로 인해 교과별 영역별 성적표에 성취도가 등급화 되는 것을 반영, 초등 교과서에 실린 각 과목의 한자어와 교과서 유형 문장학습으로 예습, 복습의 효과와 기초 논술력까지 길러줍니다. 뿐만 아니라 한자 카드, 쓰기 보따리, 형성평가가 입체적인 한자 학습을 이끌어갑니다. 또한 중국어에 대한 관심이 늘어가는 것을 고려, 간체자를 익혀 중국어 학습의 연계와 어학능력 계발의 기회를 마련하였습니다. 기탄한자에서 기탄교과서한자까지! 이제 유·초등 한자교육은 기탄한자에 맡겨 주십시오.

부모가 바뀌지 않으면 아이도 바뀌지 않습니다

무조건 비싼 사교육비를 들여서 아이를 남에게 맡긴다고 성적이 좋아지는 것은 아닙니다.
자녀교육은 부모의 사랑과 관심이 있어야 학습효과가 배가됩니다. 이제부터 부모님이 직접 챙겨주세요.
무조건 사교육에 우리 아이들을 맡기기 보다는 아이들 스스로 공부하는 힘을 길러줄 수 있도록 기초교육만큼은 부모님께서 직접 챙겨주세요. 앞으로도 기탄교육은 자녀와 함께 공부할 수 있는 최상의 교재를 만들기 위해 항상 먼저 학부모님의 마음을 들여다 보며 최선의 노력을 다하겠습니다.
기탄을 사랑하는 대한민국 모든 학부모님께 진심으로 감사의 말씀을 드립니다.

(주) 기탄교육 임직원 일동

기탄교과서한자는
초등학교 교과서에 쓰인 한자어를
총체 분석한 어휘력 향상 한자 학습 프로그램입니다

● **초등학교 교과서 90여권을 총분석, 교과서에 쓰인 한자어를 집대성한, 방대한 데이터베이스를 갖추어 학습 한자어를 선정, 발췌하였습니다.**

기탄교과서한자는 지금까지 어떤 학습지사에서도 시도하지 않은 과학적, 실용적인 한자어 선정 작업을 거쳤습니다. 초등학교 교과서 90여권에 쓰인 한자어 분석 작업을 성균관대학교 한문학과 학생들에게 의뢰하여 10만여 한자어를 정리한 방대한 양의 데이터베이스를 갖추었습니다. 이중 교과서 출현 빈도와 실용도, 한자 학습상의 난이도를 고려하고, 중학교 교육용 필수한자의 범위 내에서 530여 한자어를 선정하여 국어, 수학, 사회과 탐구, 음악, 미술 등 다양한 영역에서 실용도 높은 한자어를 학습하게 됩니다. 또한 커리큘럼의 전개 방식은 학습자들이 낱낱의 한자 암기가 아닌, 교과서 예문 유형의 문장 속에서 한자와 한자어의 쓰임을 체득하여 어휘력을 신장시킬 수 있는 한자 학습 프로그램입니다.

● **낱개의 한자 학습 뿐만 아니라 언어 사고력을 높여 초·중·고등학교의 학력 평가와 논술의 기초 능력을 길러 줍니다.**

초·중·고등학교의 시험이 달라집니다. 8년 전 폐지되었던 학교별 학력평가 시험(일제고사)이 시행되고 교과별, 영역별 성적표에 성취도가 등급화 되어 반영됩니다. 또, 2007학년도부터 중·고등 내신평가에서 종전의 단답형 시험유형을 줄이고 논술, 서술형의 시험문항 출제 비중이 50%로 확대되어 집니다. 기탄교과서한자는 초등학교 교과서에 실린 각 과목의 한자어와 교과서 유형 문장 학습으로 학습내용의 예습, 복습의 효과와 논술의 기초 능력까지 길러 줍니다.

● **학습자 스스로 한자의 무궁무진한 조어(造語)기능, 의미 함축 기능, 의미 확인 기능을 직접 체험할 수 있도록 구성하였습니다.**

▶ 기탄교과서한자에서는 기초과정에서 이미 학습한 한자와 새로 배우는 한자를 더하여 교과서에 쓰인 한자어를 익히게 됩니다. 이러한 학습 과정을 통해 한자가 가진 조어력(造語力)을 아이들 스스로 체험해가며 조어와 독해의 원리까지 깨닫게 됩니다.

信 + 用 ···· **信用** 언행이나 약속이 틀림이 없을 것으로 믿음
信 + 義 ···· **信義** 믿음과 의리
信 + 念 ···· **信念** 굳게 믿어 의심하지 않는 마음

▶ 기탄교과서한자에서는 한자의 의미함축 기능을 익혀 전문화된 용어의 이해를 돕고, 아이들이 사용할 수 있게 됩니다. 한자는 뜻글자로서 하나의 한자마다 뜻을 함축하고 있어 전문용어나 고등지식의 습득을 용이하게 합니다.

투수?
···· 던질 투(投) 손 수(手)
　　그러면 던지는 손. 아하! 던지는 사람
···· 사전적 의미
　　야구에서 내야의 중앙에 위치하여 포수를 향해
　　공을 던지는 사람

▶ 기탄교과서한자에서는 한자의 의미 확인 기능을 익혀 언어의 바른 의미를 쉽게 파악할 수 있습니다. 한글로 쓰인 '의사'는 대략 8개 정도의 뜻을 지니고 있어 醫師(의사)인지, 意思(의사)인지, 아니면 義士(의사)인지 알기 어렵습니다. 그러나 한자를 익히면 의미가 명시적으로 드러나 그 뜻을 바로 확인할 수 있습니다.

의사
···· 意思 : 무엇을 하려고 하는 생각이나 마음
···· 義士 : 의리와 지조를 굳게 지키는 사람
···· 醫師 : 의술과 약으로 병을 고치는 직업에 종사하는 사람

기탄교과서한자는
낱개의 한자 학습 뿐만 아니라 언어 사고력을 높여
논술의 기초 능력까지 향상시키는 프로그램입니다

● **초등학교 교과서에 쓰인 한자어를 학습합니다.**
초등학교 교과서에 쓰인 중학교 교육용 한자 900자 범위의 한자어를 사용 빈도, 출현 횟수, 한자 학습상의 난이도를 고려하여 학습 한자와 한자어를 선정하였습니다. 이는 종래의 한자 중심의 배열방식에서 벗어나 실용한자를 익혀 학습자의 언어 사고력을 높여 학습능력을 높이는 학습목표를 담아낸 것입니다.

● **한자의 특성을 학습자가 체험하며 깨닫는 원리체험 학습 프로그램입니다.**
한자가 갖는 문자학적 특징은 조어력, 의미 함축성, 의미 명시성이 있습니다. 기탄교과서한자에서는 학습자가 스스로 이러한 특성을 깨달을 수 있게 됩니다. A~D단계의 학습으로 기초적인 상형, 지사자를 익힌 아이들은 기초적인 한자와 새로 배우게 될 한자의 결합, 즉 조어(造語)과정을 몸소 체험하며 깨달을 수 있게 됩니다. 이러한 경험으로 처음 만나는 단어를 접할지라도 그 의미를 유추하고 파악할 수 있는 능력을 기르도록 개발되었습니다.

● **문학, 인문, 역사, 위인, 실용문 등 다양한 영역의 폭넓은 소재를 통해 한자를 흥미롭게 학습합니다.**
교과서에 실린 한자어를 교과서 유형의 단문 뿐만 아니라 다양한 글감들을 통해 심화학습하게 됩니다. 동화작가의 창작동화, 위인이야기, 시, 신문, 전래동화 등 문학, 인문, 역사, 위인, 실용문 등을 통해 한자를 흥미롭게 익힐 수 있도록 구성하였습니다.

● **기출 한자의 복습 재생으로 파지 효과를 높일 수 있습니다.**
3주마다 한 번씩 독립된 복습주를 운용하여 학습내용의 파지 효과를 높일 수 있습니다. 또 매 장마다 앞서 배운 한자를 하단에 기재하여 교재내의 사전적 기능을 높이고 자학자습이 가능하도록 구성하였습니다.

● **한자 카드, 쓰기 보따리, 형성평가를 이용한 입체적 학습 방법론을 제시하였습니다.**
학습지를 읽고 풀이하는 학습과 병행하여 한자 카드를 통한 훈음 기억 학습, 쓰기 보따리를 이용한 한자 암기 학습, 형성평가를 통한 자가 진단 등 주교재 이외의 학습 도구를 제시하였습니다. 이러한 보조교재들을 통해 아이들은 지루하지 않게 한자를 익히고 실력을 향상 시킬 수 있습니다.

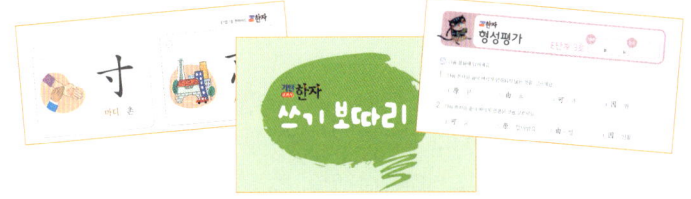

● **간체자를 익혀 중국어 학습의 연계와 어학 능력 계발의 기회를 마련하였습니다.**
학습 한자에 해당되는 간체자를 제시하여 한자 학습의 실용도를 높였습니다. 간체자를 아이가 모두 암기하지 못하더라도 간체자의 개념을 알게 되고, 중국어 학습에 자발적인 흥미유발의 기회가 될 수 있습니다.

어렸을 때 배운 한자는 평생을 통해 활용됩니다
한자 학습의 중요성이 날로 높아지고 있습니다

● 한자 학습은 왜 필요할까요?

한자 학습은 이제 선택이 아닌 필수가 되었습니다. 우리의 언어 생활에 반드시 필요한 영역이라는 인식과 함께 한자가 지닌 학문적 전이성, 시대적 필요성 등이 재해석 되고 있기 때문입니다.

첫째, 우리말의 70% 이상이 한자어로 이루어졌기 때문에 기본적인 언어 생활에 도움을 줍니다. 곧 우리말을 바르게 이해하고 올바른 국어 생활을 하기 위해서는 한자를 아는 것이 필수적입니다.

둘째, 국어, 수학, 사회, 역사, 외국어 등 다른 학과 공부에 많은 도움을 줍니다. 예를 들어 수학을 공부할 때 분자(分子), 분모(分母), 분수(分數) 등 한자를 알고 있는 아이라면 수학의 개념도 훨씬 더 쉽고 정확하게 이해할 수 있습니다. 이렇게 한자는 타과목의 도구 교과적인 성격을 갖고 있습니다.

셋째, 어휘력과 이해력의 신장으로 문장 의미 파악이 쉬워져 책을 가까이 하는 아이로 만들어 줍니다. 한자는 조어력(造語力)과 의미 함축성이 매우 뛰어난 문자입니다. 이러한 이유로 전문서적이나 학술 용어 등은 한자로 표현되어 있습니다. 많은 양의 독서 경험은 곧 아이의 생각하는 힘과 창의력을 길러 줍니다.

넷째, 한자나 한문에는 선인들의 지혜와 윤리관이 배어 있어 바람직한 가치관과 예의범절을 배울 수 있습니다. 고전, 명문 속에 담긴 효행, 우애, 경로 등 사상적인 유산을 통해 바람직한 가치관을 가질 수 있고 나아가 사람이 해야 할 도리, 어른을 공경하는 자세, 학문을 배우는 자세 등도 익힐 수 있습니다.

● 한자 학습의 추세는 어떤가요?

한자 사용을 사대주의적 발상, 중국의 문자 차용이라고 보는 종전의 시각에서 벗어나 이제는 우리 언어의 일부라는 인식이 확대되어 초등학생부터 성인까지 한자 학습 열풍이 불고 있습니다.

첫째, 한자능력검정시험의 자격증이 국가 공인 자격증으로 인정됨에 따라 유아~성인에 이르기까지 한자 학습 붐이 일고 있습니다.

둘째, 21세기의 주역으로 한자 문화권이 급부상함에 따라 중국어, 일본어의 기초로서 한자 학습의 열기가 높아지고 있습니다. 한자는 세계인구의 1/4이 사용하고 있는 국제 문자로서 앞으로 그 중요성은 날로 높아질 것입니다.

셋째, 2005년부터 대학 수학 능력 시험 외국어 영역에 한문 과목이 추가되고 중·고등학교의 시험 출제 유형에서 논술 유형 출제 비중이 높아짐에 따라 한자 학습의 조기 교육이 일반화되어 가고 있는 상황입니다.

넷째, 대부분의 초등학교에서 재량시간으로 한자 학습을 시행하고 있습니다. 70년대 이후 한자 교육을 전혀 받지 못했던 부모님들과는 달리 현재 대부분의 초등학생들이 한자를 배우고 있습니다.

다섯째, 각종 공문서, 도로 표지판 등에 한자를 병기하는 국가 정책과 경제계, 교육계 등 각계의 한자 학습 요구에 대한 발표로 한자 학습의 중요성은 더욱 높아지고 있는 상황입니다.

한자 학습은 아이의 두뇌를 개발해 줍니다
한자 학습의 체계! 기탄한자가 잡아 줍니다

● **한자 학습의 효과는 무엇인가요?**

▶ 한자는 그림에서 시작된 문자로서 구체적 이미지 자체가 곧 문자가 되었습니다. 이러한 시각적 이미지를 통한 학습은 곧 아동의 우뇌를 자극해 줍니다.

▶ 한자는 하나의 기초 개념에서 새로운 개념을 창출해 나갑니다. 이러한 과정을 통하여 아동의 창의력, 어휘력을 길러 줍니다.

▶ 한자는 저마다의 뜻, 소리, 모양을 각기 지닌 문자입니다. 이렇게 저마다의 뜻과 소리, 모양을 분석하는 연습을 통해 아동의 좌뇌 발달을 돕습니다.

▶ 한자는 부수와 몸이라는 수많은 부속품들의 조합으로 이루어진 문자입니다. 이러한 부속품들의 분리와 합체 과정을 통해 아이의 좌뇌를 발달하게 하고 논리력, 분석력을 키워 줍니다.

▶ 한자가 갖는 문자학적 특징은 조어력, 의미 함축성, 의미 명시성이 있습니다. 이미 만들어진 한자와 한자를 결합하여 새로운 단어를 만드는 조어력, 의미를 함축적으로 표현할 수 있는 의미 함축성, 의미가 바로 드러나는 의미 명시성이 있습니다.

한자 학습의 연구가 활발히 이루어지는 일본에서는 한자 학습의 시기가 빠를수록 좋다고 합니다. 그것은 우뇌 발달 시기인 6세 이전에 표의문자를 더 쉽게 받아들일 수 있으며, 초등학교 1학년 때가 가장 높은 효과를 보인다는 주장입니다. 그러므로 어른들의 관점으로 한자가 유아들에게 어렵다는 편견은 버려야 하며 한글을 어느 정도 읽을 수 있는 시기라면 한자 학습의 적기라고 할 수 있습니다.

● **기탄한자는 어떻게 구성되었나요?**

▶ 기탄한자는 그림과 놀이로 시작하는 기초 한자 과정에서부터 고전명저의 명문장까지 한자 학습의 체계를 세우는 프로그램입니다. 중학교 교육용 한자 900자의 범위에서 기초한자(낱자)과정 ➔ 조어(교과서 한자어)과정 ➔ 문장(고전)과정의 학습까지 한자 학습의 체계를 세우는 학습목표로 개발되었습니다.

▶ 기초한자(낱자)과정(A단계~D단계)에서는 한자를 처음 시작하는 유아에서 한자 학습의 경험이 없는 초등학교 2학년생을 대상으로 상형자, 지사자 등 쉬운 개념의 기초한자 168자를 익히게 됩니다.
시각 이미지를 통한 그림한자의 각인과 다양한 부교재를 통한 놀이 학습으로 재미있게 학습하는 특성을 지니고 있습니다. 또, 최고의 일러스트와 세련된 디자인으로 아동의 정서적 심미감을 기를 수 있는 프로그램입니다. 기존의 한자 교재와는 차별화된 학습 효과를 얻을 수 있습니다.

▶ 조어(교과서 한자어)과정(E단계~G단계)에서는 총 90여권의 초등학교 교과서에 쓰인 모든 한자어를 사용 빈도와 한자 난이도에 따라 분석한 방대한 양의 데이터베이스를 갖추어 156자의 학습 한자와 530여 한자어를 선정하였습니다.

신출 한자와 이미 학습한 기출 한자를 조합하여 새로운 어휘를 만들어 내는 무궁무진한 조어(造語)의 원리를 아이가 스스로 깨달아 이해력과 어휘력이 높은 아이로 자라나게 해줍니다. 또 단편적인 한자 암기 학습에서 벗어나 국어, 수학, 사회, 과학 영역의 다양한 예문 학습과 창작 동화, 인물, 시, 신문, 고전이야기 등의 학습으로 학교 수업에 자신감을 길러 주고 나아가 어휘력, 사고력 향상으로 논술의 기초 능력까지 배양해 줍니다.

구성내용

A·B단계 교재별 구성내용은 이렇습니다

◆ 기탄한자 **A단계** 호별 학습 내용 및 부교재

집	호		학습 한자	학습 한자어	부교재
1집	1	1a ~ 12a	山, 川, 日	강산, 등산/ 하천, 산천/ 日기, 日월	한자 모형 놀이 한자 카드 한자어 카드
	2	13a ~ 24a	月, 火, 水	반월, 月급/ 火산, 火재/ 水영장, 水요일	
	3	25a ~ 36a	木, 金, 土	木수, 식木일/ 金구, 황金/ 국土, 土지	
	4	37a ~ 48a	복습+놀이 학습	복습	
2집	5	49a ~ 60a	一, 二, 三	一등, 통一/ 二층, 二학년/ 三각형, 三총사	한자 창열기 놀이 한자 카드 한자어 카드
	6	61a ~ 72a	四, 五, 六	四방, 四계절/ 五선지, 五월/ 六학년, 六반	
	7	73a ~ 84a	七, 八, 九	북두七성, 七면조/ 八도강산, 八방미인/ 九관조, 九구단	
	8	85a ~ 96a	복습+놀이 학습	복습	
3집	9	97a ~ 108a	十, 百, 千	十자가, 十월/ 百점, 百화점/ 千자문, 千리마	한자 파노라마 놀이 한자 카드 한자어 카드
	10	109a ~ 120a	耳, 目, 口	耳목, 耳비인후과/ 제目, 면目/ 식口, 출입口	
	11	121a ~ 132a	人, 手, 足	人간, 人형/ 手술, 선手/ 足구, 수足	
	12	133a ~ 144a	복습+놀이 학습	복습	
4집	13	145a ~ 156a	田, 石, 玉	유田, 대田/ 石공, 石굴암/ 백玉, 玉동자	한자 브로마이드 한자 카드
	14	157a ~ 168a	力, 大, 小	인力거, 풍力/ 大학생, 大가족/ 小아과, 小인국	
	15	169a ~ 180a	上, 中, 下	上의, 上행선/ 中국, 中심/ 下교, 下인	
	16	181a ~ 192a	복습+총괄 평가+놀이 학습	복습	

◆ 기탄한자 **B단계** 호별 학습 내용 및 부교재

집	호		학습 한자	학습 한자어	부교재
1집	1	1a ~ 12a	犬, 牛, 羊	충犬, 애犬/ 牛유, 牛마차/ 羊모, 백羊	한자 모형 놀이 한자 카드 한자어 카드
	2	13a ~ 24a	父, 母, 子	父모, 父자/ 母녀, 학부母/ 子녀, 여子	
	3	25a ~ 36a	生, 心, 身	生일, 선生/ 心신, 안心/ 身체, 身장	
	4	37a ~ 48a	복습+놀이 학습	복습	
2집	5	49a ~ 60a	車, 士, 己	車도, 자전車/ 군士, 박士/ 자己, 극己	한자 창열기 놀이 한자 카드 한자어 카드
	6	61a ~ 72a	自, 工, 門	自동차, 自연/ 목工, 工장/ 대門, 창門	
	7	73a ~ 84a	刀, 王, 白	단刀, 은장刀/ 王자, 국王/ 白지, 흑白	
	8	85a ~ 96a	복습+놀이 학습	복습	
3집	9	97a ~ 108a	魚, 貝, 鳥	인魚, 魚항/ 貝물, 貝총/ 백鳥, 길鳥	한자 파노라마 놀이 한자 카드 한자어 카드
	10	109a ~ 120a	主, 册, 雨	主인, 主객/ 册상, 공册/ 雨산, 雨의	
	11	121a ~ 132a	風, 里, 竹	風차, 강風/ 里장, 里정표/ 竹림, 竹도	
	12	133a ~ 144a	복습+놀이 학습	복습	
4집	13	145a ~ 156a	草, 花, 馬	약草, 草가/ 무궁花, 花원/ 경馬장, 馬부	한자 브로마이드 한자 카드
	14	157a ~ 168a	男, 女, 夕	男녀, 미男/ 소女, 선女/ 夕양, 추夕	
	15	169a ~ 180a	舌, 齒, 面	작舌차, 舌음/ 齒과, 충齒/ 가面, 수面	
	16	181a ~ 192a	복습+총괄 평가+놀이 학습	복습	

C·D단계 교재별 구성내용은 이렇습니다

◆ 기탄한자 **C단계** 호별 학습 내용 및 부교재

집	호		학습 한자	학습 한자어	부교재
1집	1	1a ~ 12a	文, 化, 言, 才	文인, 文신/ 化석, 문化/ 言어, 言론/ 다才, 천才	한자 맞추기 놀이 한자 카드 한자어 카드
	2	13a ~ 24a	兄, 弟, 交, 友	兄제, 학부兄/ 의형弟, 弟자/ 交통, 외交/ 交友, 전友	
	3	25a ~ 36a	多, 少, 血, 肉	多정, 多少/ 少녀, 노少/ 심血, 血육/ 肉식, 肉신	
	4	37a ~ 48a	복습+놀이 학습	복습	
2집	5	49a ~ 60a	出, 入, 內, 外	出구, 出생/ 入구, 出入/ 국內, 차內/ 外국, 內外	한자 병풍 놀이 한자 카드 한자어 카드
	6	61a ~ 72a	去, 來, 立, 坐	去來, 과去/ 來일, 미來/ 자立, 立동/ 정坐	
	7	73a ~ 84a	光, 明, 行, 步	光명, 풍光/ 문明, 明월/ 산行, 行진/ 步병, 步행	
	8	85a ~ 96a	복습+놀이 학습	복습	
3집	9	97a ~ 108a	天, 地, 江, 河	天사, 天국/ 천地, 地구/ 江산, 江촌/ 河천, 은河수	한자 주사위 놀이 한자 카드 한자어 카드
	10	109a ~ 120a	毛, 皮, 角, 蟲	毛피, 양毛/ 목皮, 皮혁/ 녹角, 직角/ 초蟲, 해蟲	
	11	121a ~ 132a	古, 今, 衣, 食	古목, 古서/ 고今, 今일/ 우衣, 하衣/ 외食, 초食	
	12	133a ~ 144a	복습+놀이 학습	복습	
4집	13	145a ~ 156a	君, 臣, 兵, 辛	君주, 君신/ 臣하, 충臣/ 兵사, 兵력/ 辛병, 辛업	한자 브로마이드 한자 카드
	14	157a ~ 168a	方, 向, 左, 右	지方, 方向/ 풍向, 남向/ 左우, 左향左/ 右회전, 좌右명	
	15	169a ~ 180a	本, 末, 分, 合	근本, 本인/ 末일, 本末/ 分교, 分수/ 合창, 合심	
	16	181a ~ 192a	복습+총괄 평가+놀이 학습	복습	

◆ 기탄한자 **D단계** 호별 학습 내용 및 부교재

집	호		학습 한자	학습 한자어	부교재
1집	1	1a ~ 12a	靑, 赤, 音, 色	靑산, 靑년/ 赤색, 赤십자/ 音악, 音색/ 백色, 色지	한자 맞추기 놀이 한자 카드 한자어 카드
	2	13a ~ 24a	住, 所, 姓, 名	의식住, 住택/ 所감, 장所/ 姓명, 백姓/ 名작, 지名	
	3	25a ~ 36a	利, 用, 有, 無	利용, 예利/ 공用, 식用/ 有명, 소有/ 無인도, 無례	
	4	37a ~ 48a	복습+놀이 학습	복습	
2집	5	49a ~ 60a	公, 平, 意, 思	公공, 公무원/ 平화, 平야/ 意견, 동意/ 思고, 思상	한자 병풍 놀이 한자 카드 한자어 카드
	6	61a ~ 72a	老, 弱, 貧, 富	老인, 원老/ 弱세, 노弱/ 貧약, 貧혈/ 富귀, 富자	
	7	73a ~ 84a	正, 直, 忠, 孝	正직, 正답/ 直선, 直각/ 忠성, 忠언/ 孝도, 孝녀	
	8	85a ~ 96a	복습+놀이 학습	복습	
3집	9	97a ~ 108a	前, 後, 走, 止	역前, 오前/ 오後, 식後/ 활走로, 경走/ 止혈, 금止	한자 주사위 놀이 한자 카드 한자어 카드
	10	109a ~ 120a	法, 道, 完, 全	法률, 法원/ 道로, 道덕/ 完승, 完성/ 全국, 안全	
	11	121a ~ 132a	善, 惡, 長, 短	善악, 善행/ 惡마, 惡몽/ 長검, 사長/ 장短, 短명	
	12	133a ~ 144a	복습+놀이 학습	복습	
4집	13	145a ~ 156a	世, 界, 國, 家	世계, 출世/ 외界, 정界/ 國왕, 國어/ 家족, 작家	한자 브로마이드 한자 카드
	14	157a ~ 168a	東, 西, 見, 聞	東서남북, 東해/ 西구, 西부/ 발見, 見학/ 신聞, 풍聞	
	15	169a ~ 180a	南, 北, 兒, 童	南극, 南대문/ 北극, 北상/ 유兒, 兒동/ 목童, 童화	
	16	181a ~ 192a	복습+총괄 평가+놀이 학습	복습	

구성내용

E단계 교재별 구성내용은 이렇습니다

◆ 기탄교과서한자 E단계 호별 학습 내용 및 부교재

집	호		학습 한자	학습 한자어		심화 영역		부교재
1집	1	1a~16a	寸京品市	寸 : 四寸, 外三寸, 四寸間 品 : 食品, 用品, 作品	京 : 上京, 京畿道, 京仁線 市 : 市內, 市場, 市立	창작동화	소중한 지폐 한 장 1	한자 카드 쓰기보따리 형성평가
						고사성어	水魚之交	
						시	사랑스런 추억 - 윤동주	
	2	17a~32a	巨具各曲	巨 : 巨人, 巨大, 巨木 各 : 各各, 各自, 各國	具 : 家具, 道具, 用具 曲 : 作曲, 曲線, 行進曲	창작동화	소중한 지폐 한 장 2	
						고사성어	他山之石	
						시	봄 - 빅토르 위고	
	3	33a~48a	可由原因	可 : 可能, 可決, 不可能 原 : 原子力, 原因, 草原	由 : 自由, 由來, 理由 因 : 原因, 因果, 要因	창작동화	슬기로운 재판 1	
						고사성어	見物生心	
						시	절정 - 이육사	
	4	49a~64a	복습	복습		창작동화	슬기로운 재판 2	
						고사성어	漁夫之利	
						시	동방의 등불 - 타고르	
2집	5	65a~80a	同求失反	同 : 同生, 同行, 合同 失 : 失手, 失明, 失言	求 : 求心力, 要求, 求人 反 : 反面, 反省, 反共	창작동화	닭이 사람과 함께 살게 된 이유 1	한자 카드 쓰기보따리 형성평가
						고사성어	五十步百步	
						시	접동새 - 김소월	
	6	81a~96a	告共首民	告 : 忠告, 原告, 告白 首 : 自首, 首弟子, 首相	共 : 共同, 公共, 共生 民 : 市民, 國民, 民心	창작동화	닭이 사람과 함께 살게 된 이유 2	
						고사성어	登龍門	
						시	눈 내린 아침 - 이인로	
	7	97a~112a	元先年回	元 : 元日, 元金, 元來 年 : 少年, 靑年, 一年	先 : 先生, 先山, 先王 回 : 一回用品, 河回, 回轉	창작동화	쇠를 먹는 쥐 1	
						고사성어	馬耳東風	
						시	눈 오는 저녁 - 김소월	
	8	113a~128a	복습	복습		창작동화	쇠를 먹는 쥐 2	
						고사성어	白眉	
						시	만돌이 - 윤동주	
3집	9	129a~144a	不非未必	不 : 不足, 不公平, 不平 未 : 未安, 未來, 未完成	非 : 非行, 是非, 非常口 必 : 必要, 生必品, 不必要	창작동화	세 친구 1	한자 카드 쓰기보따리 형성평가
						고사성어	多多益善	
						시	삶이 그대를 속일지라도 - 푸슈킨	
	10	145a~160a	知加字幸	知 : 知人, 知己, 告知 字 : 文字, 數字, 十字	加 : 加入, 加味, 加工 幸 : 多幸, 不幸, 幸福	창작동화	세 친구 2	
						고사성어	聞一知十	
						시	집 - 김영랑	
	11	161a~176a	表形味香	表 : 表面, 表情, 表明 味 : 意味, 風味, 口味	形 : 人形, 三角形, 地形 香 : 香水, 香氣, 香	창작동화	꿀강아지 1	
						고사성어	知音	
						시	올벼 고개 숙이고 - 이현보	
	12	177a~192a	복습	복습		창작동화	꿀강아지 2	
						고사성어	竹馬故友	
						시	행복 - 한용운	
4집	13	193a~208a	星軍相和	星 : 行星, 天王星, 北斗七星 相 : 首相, 人相, 色相	軍 : 軍人, 國軍, 軍士 和 : 平和, 和音, 共和國	창작동화	흰 코끼리의 전설	한자 카드 쓰기보따리 형성평가
						고사성어	千里眼	
						시	나그네의 밤 노래 - 괴테	
	14	209a~224a	單別命祖	單 : 單元, 名單, 食單 命 : 生命, 人命, 命令	別 : 別名, 別世, 分別 祖 : 先祖, 祖上, 祖父母	창작동화	뱀이 기어 다니게 된 이유 1	
						고사성어	朝三暮四	
						시	말 없는 청산이오 - 성혼	
	15	225a~240a	居章異再	居 : 住居, 居室, 同居 異 : 異常, 異意, 大同小異	章 : 文章, 圖章, 樂章 再 : 再生, 再活用, 再三	창작동화	뱀이 기어 다니게 된 이유 2	
						고사성어	一擧兩得	
						시	〈사랑〉을 사랑하여요 - 한용운	
	16	241a~256a	복습	복습		창작동화	뱀이 기어 다니게 된 이유 3	
						고사성어	溫故知新	
						시	삶의 아침인사 - 애너 리티셔 바볼드	

F단계 교재별 구성내용은 이렇습니다

◆ 기탄교과서한자 **F단계** 호별 학습 내용 및 부교재

집	호		학습 한자	학습 한자어		심화 영역		부교재
1집	1	1a~16a	仁 仙 信 休	仁: 仁川, 仁祖, 仁君 信: 信用, 自信, 信念	仙: 仙女, 水仙花, 仙人 休: 公休日, 休火山, 休息	창작동화 고사성어 전래동화	달밤에 얻은 행운 1 天高馬肥 빨간부채 파란부채	한자 카드 쓰기보따리 형성평가
	2	17a~32a	安 宅 官 容	安: 未安, 安心, 安全 官: 法官, 官家, 外交官	宅: 住宅, 自宅, 宅地 容: 容恕, 内容, 美容	창작동화 고사성어 전래동화	달밤에 얻은 행운 2 大器晩成 사만년을 산 사람	
	3	33a~48a	海 洋 漁 洗	海: 地中海, 東海, 海外 漁: 漁夫, 漁村, 出漁	洋: 東洋, 西洋, 海洋 洗: 洗手, 洗車, 洗面	창작동화 고사성어 전래동화	백일홍이야기 1 孟母三遷 소금을 만드는 맷돌	
	4	49a~64a	복습	복습		창작동화 고사성어 전래동화	백일홍이야기 2 蛇足 우렁각시	
2집	5	65a~80a	他 位 俗 保	他: 他人, 他地, 自他 俗: 民俗, 風俗, 世俗	位: 方位, 品位, 單位 保: 保全, 安保, 保有	창작동화 고사성어 전래동화	꾀 많은 장님 1 梁上君子 꼭두각시와 목도령	한자 카드 쓰기보따리 형성평가
	6	81a~96a	守 室 客 定	守: 守則, 保守, 守兵 客: 主客, 客室, 客地	室: 室内, 居室, 王室 定: 一定, 決定, 安定	창작동화 고사성어 전래동화	꾀 많은 장님 2 良藥苦於口 잊으라 한 건 안 잊고	
	7	97a~112a	林 村 材 校	林: 山林, 國有林, 竹林 材: 木材, 石材, 人材	村: 山村, 漁村, 民俗村 校: 下校, 校長, 校門	창작동화 고사성어 전래동화	바보 영웅 이야기 1 座右銘 반쪽이	
	8	113a~128a	복습	복습		창작동화 고사성어 전래동화	바보 영웅 이야기 2 矛盾 고양이와 푸른 구슬	
3집	9	129a~144a	決 洞 注 流	決: 決定, 決心, 可決 注: 注文, 注意, 注目	洞: 洞口, 洞長, 仁寺洞 流: 上流, 交流, 流行	창작동화 고사성어 전래동화	괴물 잡은 이발사 同床異夢 임자가 따로 있는 요술 궤짝	한자 카드 쓰기보따리 형성평가
	10	145a~160a	便 作 使 代	便: 便利, 便安, 大便 使: 使用, 天使, 使臣	作: 作心三日, 作用, 作品 代: 古代, 代表, 代身	창작동화 고사성어 전래동화	수수께끼 하나 結草報恩 배나무골 이도령	
	11	161a~176a	念 志 感 想	念: 信念, 記念, 一念 感: 共感, 自信感, 所感	志: 意志, 同志, 志士 想: 回想, 思想, 感想	창작동화 고사성어 전래동화	행운을 찾아다니는 사나이 1 井中之蛙 하늘 나라 밭 구경	
	12	177a~192a	복습	복습		창작동화 고사성어 전래동화	행운을 찾아다니는 사나이 2 近墨者黑 솜뭉치 꼬리가 된 토끼	
4집	13	193a~208a	計 記 語 詩	計: 時計, 合計, 生計 語: 用語, 國語, 言語	記: 日記, 記入, 記念 詩: 童詩, 詩人, 三行詩	창작동화 고사성어 전래동화	그림자 없는 탑 1 有備無患 은혜 갚은 까치	한자 카드 쓰기보따리 형성평가
	14	209a~224a	情 性 進 造	情: 人情, 友情, 心情 進: 行進, 進出, 先進國	性: 性品, 性情, 女性 造: 造成, 造形, 人造	창작동화 고사성어 전래동화	그림자 없는 탑 2 走馬看山 두 개가 된 금덩이	
	15	225a~240a	始 好 雲 雪	始: 始作, 元始, 始祖 雲: 星雲, 白雲, 靑雲	好: 同好人, 好意, 好感 雪: 白雪, 雪景, 雪山	창작동화 고사성어 전래동화	그림자 없는 탑 3 螢雪之功 구렁이 신랑	
	16	241a~256a	복습	복습		창작동화 고사성어 전래동화	그림자 없는 탑 4 苦盡甘來 바리공주	

구성내용

G단계 교재별 구성내용은 이렇습니다

◆ 기탄교과서한자 G단계 호별 학습 내용 및 부교재

집	호	학습 한자	학습 한자어	심화 영역		부교재
1집	1	1a~16a	果 實 夫 婦 美	果 : 成果, 果實, 靑果, 無花果 實 : 行實, 實力, 實生活, 口實 夫 : 工夫, 夫子, 夫人, 漁夫 婦 : 主婦, 夫婦, 婦人, 婦女子 美 : 美化員, 美國人, 美人, 美化	인물	마크 트웨인	한자 카드 쓰기보따리 형성평가
				창작동화	소가 골라준 새 신랑 1	
				고사성어	改過遷善	
				기사문	돈 더 버는 아내 집안일 더 한다	
	2	17a~32a	重 要 活 動 得	重 : 重要, 所重, 貴重, 重大 要 : 必要, 主要, 要求, 要所 活 : 活用, 生活, 活字, 活力 動 : 活動, 行動, 動力, 動作 得 : 所得, 利得, 得失	인물	어네스트 톰슨 시튼	
				창작동화	소가 골라준 새 신랑 2	
				고사성어	錦衣還鄕	
				기사문	컬러식품 좋아좋아	
	3	33a~48a	夜 景 成 功 者	夜 : 夜食, 白夜, 夜光, 夜行 景 : 風景, 光景, 山景, 雪景 成 : 成長, 作成, 合成, 完成 功 : 成功, 功臣, 年功, 功力 者 : 記者, 富者, 步行者, 老弱者	인물	에디슨	
				창작동화	소가 골라준 새 신랑 3	
				고사성어	管鮑之交	
				기사문	日 간사이 5색 체험관광	
	4	49a~64a	복습	복습	인물	퀴리부인	
					창작동화	소가 골라준 새 신랑 4	
					고사성어	刻舟求劍	
					기사문	재교육기관 노크 해보자	
2집	5	65a~80a	時 間 空 氣 集	時 : 日時, 時代, 同時, 時計 間 : 人間, 山間, 時間, 中間 空 : 空中, 空間, 空册, 空想 氣 : 空氣, 香氣, 日氣, 大氣 集 : 文集, 集中, 詩集, 集合	인물	장영실	한자 카드 쓰기보따리 형성평가
				창작동화	거짓말 시합 1	
				고사성어	刮目相對	
				기사문	귀성길 차 안에서 게임 한판	
	6	81a~96a	現 在 協 商 事	現 : 表現, 現金, 現地, 出現 在 : 現在, 所在, 在京, 在來 協 : 協同, 協力, 協心, 協定 商 : 商人, 商品, 商去來, 協商 事 : 人事, 行事, 工事, 記事	인물	록펠러	
				창작동화	거짓말 시합 2	
				고사성어	吳越同舟	
				기사문	폴크스바겐 노·사 대협상	
	7	97a~112a	社 會 技 能 部	社 : 社長, 會社, 社交, 入社 會 : 大會, 社會, 面會, 立會 技 : 長技, 技法, 技術, 技能 能 : 技能, 能力, 可能, 才能 部 : 部分, 一部分, 外部, 一部	인물	콜럼버스	
				창작동화	말 잘 듣는 효자 1	
				고사성어	羊頭狗肉	
				기사문	국가중대사 국민합의가 필요	
	8	113a~128a	복습	복습	인물	앙리 뒤낭	
					창작동화	말 잘 듣는 효자 2	
					고사성어	完璧	
					기사문	시동 걸면 주행정보 쫙~	
3집	9	129a~144a	問 答 登 場 省	問 : 問安, 問題, 反問 答 : 問答, 答信, 正答, 回答 登 : 登山, 登校, 登用 場 : 市場, 工場, 入場, 場面 省 : 反省, 自省, 省墓	인물	리스트	한자 카드 쓰기보따리 형성평가
				창작동화	냄새 맡은 값 1	
				고사성어	指鹿爲馬	
				기사문	침체의 잠에 취한 라인강의 기적	
	10	145a~160a	春 夏 秋 冬 溫	春 : 春川, 春香, 立春, 靑春 夏 : 立夏, 春夏, 夏至 秋 : 秋夕, 秋風, 春秋 冬 : 冬至, 立冬, 春夏秋冬 溫 : 氣溫, 溫室, 溫水	인물	김홍도	
				창작동화	냄새 맡은 값 2	
				고사성어	塞翁之馬	
				기사문	스키장 잘 넘어져야 안 다친다	
	11	161a~176a	貴 愛 病 死 敬	貴 : 貴重, 高貴, 富貴, 貴人 愛 : 友愛, 愛國, 愛人, 愛犬 病 : 問病, 白反病, 病室, 病名 死 : 生死, 死亡者, 不死身, 病死 敬 : 恭敬, 敬老, 敬老席, 敬語	인물	안중근	
				창작동화	아버지의 유서 1	
				고사성어	難兄難弟	
				기사문	은행나무 천국 부석사 가는 길	
	12	177a~192a	복습	복습	인물	황희	
					창작동화	아버지의 유서 2	
					고사성어	四面楚歌	
					기사문	서울과 워싱턴 마음을 열 때다	
4집	13	193a~208a	物 件 發 電 書	物 : 古物, 文物, 人物 件 : 物件, 事件, 用件 發 : 發生, 出發, 發明, 發見 電 : 電力, 電子, 電車, 電氣 書 : 文書, 古書, 書名	인물	벤자민 프랭클린	한자 카드 쓰기보따리 형성평가
				창작동화	선행과 쾌락 1	
				고사성어	三顧草廬	
				기사문	대한민국은 배달천국	
	14	209a~224a	高 低 苦 樂 朝	高 : 高音, 高溫, 高貴, 高見 低 : 低溫, 低下, 低利, 低學年 苦 : 苦生, 苦心, 苦行 樂 : 音樂, 安樂, 樂山 朝 : 王朝, 朝夕, 朝會	인물	루소	
				창작동화	선행과 쾌락 2	
				고사성어	脣亡齒寒	
				기사문	중소기업 그곳에도 길이 있다	
	15	225a~240a	眞 理 學 習 賞	眞 : 眞情, 眞空, 眞心 理 : 心理, 原理, 眞理, 一理 學 : 學年, 學生, 入學, 見學 習 : 學習, 風習, 自習 賞 : 賞品, 孝行賞, 大賞, 賞金	인물	전봉준	
				창작동화	아가씨와 우유 1	
				고사성어	守株待兎	
				기사문	들리지! 눈 쌓은 숨 생명의 소리	
	16	241a~256a	복습	복습	인물	뢴트겐	
					창작동화	아가씨와 우유 2	
					고사성어	臥薪嘗膽	
					기사문	물건값 계산 … 약도 그리기 …	

학부모 여러분, 〈기탄한자〉는 이렇게 지도해 주세요

1 학습자의 능력보다 낮은 단계에서 시작하세요.

기탄한자 A~G단계는 기초 한자부터 초등학교 교과서에 쓰인 한자어를 학습하는 프로그램입니다. 한글을 아는 유아에서부터 한자 학습의 경험이 있는 초등학교 6학년 학생을 대상으로 개발되었습니다. 그러나 한자 학습의 경험이 있는 아이라도, 학습자의 경험이나 능력보다 낮은 단계에서 시작하는 것이 바람직합니다. 특히 각 단계의 1집부터 순차적으로 학습해 나가는 것은 매우 중요합니다. 간혹 학부모님의 판단에 따라 단계의 생략은 가능하지만 2, 3집부터 시작하는 것은 옳지 않은 진도 진행입니다. 아이가 학습에 부담을 느끼지 않고 한자 공부는 쉽고 재미있다는 느낌을 가질 수 있도록 A단계 1집에서부터 시작하는 것이 가장 이상적인 출발점입니다.

2 복습호는 반드시 부모님이 함께 해 주세요.

각 집(권)마다 앞서 배운 한자의 복습호가 구성되어 있습니다. 복습호에서는 항상 형성평가를 실시하여 학습 수용도를 점검합니다. 이 때 부모님이 반드시 채점을 해 주시고, 결과에 따라 적절한 칭찬과 동기유발이 필요합니다. 또 복습주마다 구성된 놀잇감(A~D단계)으로 아이와 함께 놀아 주세요.

3 교재 구입 즉시 분책하여 사용하세요.

〈기탄한자〉는 구입 즉시 분책하여 사용할 수 있도록 매주 학습할 분량이 별도의 책으로 특수제본(4in1시스템)되어 있습니다. 보통 책은 1번 제본하는 것으로 끝나지만 〈기탄한자〉는 무려 5번의 제본 과정을 거쳐 제작되었습니다. 각 호가 끝날 때마다 새 책으로 공부하게 되므로 아이에게 성취감과 기대감을 갖게 하고 학습 효과도 극대화시켜 줍니다.

4 매일 일정한 시간에 규칙적으로 학습하게 하세요.

하루 5~10분을 학습하더라도 규칙적으로 학습하는 것이 중요합니다. 1호 분량이 1주일(5일) 학습 분량이므로 한 번에 억지로 하지 않게 하고, 반대로 너무 많은 양을 한꺼번에 하는 것도 좋지 않습니다. 어렸을 때부터 조금씩 매일매일 공부하는 습관을 길러 주도록 합니다.

5 부모님이 직접 지도해 주세요.

〈기탄한자〉는 교사 방문 학습지와는 달리 아이 스스로 공부하고 부모님이 체크하는 자율적인 학습 모델을 채택하고 있습니다. 따라서 타 학습지 회사에서는 지도교사에게만 제공하는 지도 지침을 해당 호에 상세히 실었습니다. 각 호의 첫 장에 실린 '이렇게 도와주세요', '이번 주 학습포인트'에서는 한 주 동안의 지도 요점이 기재되어 있고, 각 페이지의 하단에도 지도 요점, 주의 사항 등을 기재하였습니다. 학부모님들이 〈기탄한자〉의 기획의도, 학습목표, 지도방법 등을 쉽게 이해하고 아이들에게 가르치기 편하도록 최대한 배려하였습니다.

6 이미 익힌 한자는 아이가 실생활 속에서 활용하게 하세요.

아이가 이미 익힌 한자는 실생활 속에서 최대한 많은 사용 기회를 갖게 해 줍니다. 알았던 한자도 오랫동안 사용하지 않으면 잊혀지게 됩니다. 학습된 한자를 신문, 책, 대중매체, 인쇄물 등을 활용하여 확인하게 하고 글을 쓸 때 알고 있는 한자로 표현해 볼 기회를 자주 갖도록 합니다.

단계별 학습 한자와 한자능력검정시험 급수 배정 안내

단계	학습 한자	급수 응시 가이드
A단계	• 8급 : 山, 日, 月, 火, 水, 木, 金, 土, 一, 二, 三, 四, 五, 六, 七, 八, 九, 十, 人, 大, 小, 中 • 7급 : 川, 百, 千, 口, 手, 足, 力, 上, 下 • 6급·6급II : 目, 石 • 5급 : 耳 • 4급II : 田, 玉	A단계에서는 상형자, 지사자 중심의 기초한자 36자를 익혔습니다. 이는 한자능력검정시험 배정한자 중 8급, 7급 배정한자 31자와 상위급수 한자 5자가 포함됩니다. 학습자의 학년, 나이, 학습수용도에 따라 8급, 7급 이내에서 응시용 수험서(기탄급수한자 빨리따기)로 준비한 후 자격증 취득에 도전해 보세요.
B단계	• 8급 : 父, 母, 生, 門, 王, 白, 女 • 7급 : 子, 心, 車, 自, 工, 主, 里, 草, 花, 男, 夕, 面 • 6급·6급II : 身, 風 • 5급 : 牛, 士, 己, 魚, 雨, 馬 • 4급II : 羊, 鳥, 竹, 齒 • 4급 : 犬, 册, 舌 • 3급II : 刀 • 3급 : 貝	B단계에서는 상형자, 지사자 중심의 기초한자 36자를 익혔습니다. 이는 A단계 학습 한자부터 누적하면 한자능력검정시험 배정한자 중 8급, 7급 배정한자 50자와 상위급수 한자 22자가 포함됩니다. 학습자의 학년, 나이, 학습수용도에 따라 8급, 7급 이내에서 응시용 수험서(기탄급수한자 빨리따기)로 준비한 후 자격증 취득에 도전해 보세요.
C단계	• 8급 : 兄, 弟, 外 • 7급 : 文, 少, 出, 入, 內, 來, 立, 天, 地, 江, 食, 方, 左, 右 • 6급·6급II : 言, 才, 交, 多, 光, 明, 行, 角, 古, 今, 衣, 向, 本, 分, 合 • 5급 : 化, 友, 去, 河, 臣, 兵, 卒, 末 • 4급II : 血, 肉, 步, 毛, 蟲 • 4급 : 君 • 3급II : 坐, 皮	C단계에서는 형성자, 회의자를 중심으로 48자의 기초한자를 익혔습니다. 이는 A단계 학습 한자부터 누적하면 한자능력검정시험 배정한자 중 7급 배정한자 67자, 6급·6급II 배정한자 86자와 상위급수 한자 34자를 익혔습니다. 학습자의 학년, 나이, 학습수용도에 따라 7급, 6급·6급II 이내에서 응시용 수험서(기탄급수한자 빨리따기)로 준비한 후 자격증 취득에 도전해 보세요.
D단계	• 8급 : 靑, 長, 國, 東, 西, 南, 北 • 7급 : 色, 住, 所, 姓, 名, 有, 平, 老, 正, 直, 孝, 前, 後, 道, 全, 世, 家 • 6급·6급II : 音, 利, 用, 公, 意, 弱, 短, 界, 聞, 童 • 5급 : 赤, 無, 思, 止, 法, 完, 善, 惡, 見, 兒 • 4급II : 貧, 富, 忠, 走	D단계에서는 형성자, 회의자를 중심으로 48자의 기초한자를 익혔습니다. 이는 A단계 학습 한자부터 누적하면 한자능력검정시험 배정한자 중 7급 배정한자 91자, 6급·6급II 배정한자 120자와 상위급수 한자 48자를 익혔습니다. 학습자의 학년, 나이, 학습수용도에 따라 7급, 6급·6급II 이내에서 응시용 수험서(기탄급수한자 빨리따기)로 준비한 후 자격증 취득에 도전해 보세요.
E단계	• 8급 : 寸, 民, 先, 年, 軍 • 7급 : 市, 同, 不, 字, 命, 祖 • 6급·6급II : 京, 各, 由, 失, 反, 共, 幸, 表, 形, 和, 別, 章 • 5급 : 品, 具, 曲, 可, 原, 因, 告, 首, 元, 必, 知, 加, 相, 再 • 4급II : 求, 回, 非, 未, 味, 香, 星, 單 • 4급 : 巨, 居, 異	E단계에서는 형성자, 회의자를 중심으로 48자의 필수한자를 익혔습니다. 이는 A단계 학습 한자부터 누적하면 한자능력검정시험 배정한자 중 7급 배정한자 102자, 6급·6급II 배정한자 143자와 상위급수 한자 73자를 익혔습니다. 학습자의 학년, 나이, 학습수용도에 따라 6급·6급II, 5급 이내에서 응시용 수험서(기탄급수한자 빨리따기)로 준비한 후 자격증 취득에 도전해 보세요.
F단계	• 8급 : 室, 校 • 7급 : 休, 安, 海, 林, 村, 洞, 便, 記, 語 • 6급·6급II : 信, 洋, 定, 注, 作, 使, 代, 感, 計, 始, 雪 • 5급 : 仙, 宅, 漁, 洗, 他, 位, 客, 材, 決, 流, 念, 情, 性, 雲 • 4급II : 官, 容, 俗, 保, 守, 志, 想, 詩, 進, 造, 好 • 4급 : 仁	F단계에서는 형성자, 회의자를 중심으로 48자의 필수한자를 익혔습니다. 이는 A단계 학습 한자부터 누적하면 한자능력검정시험 배정한자 중 7급 배정한자 113자, 6급·6급II 배정한자 165자와 상위급수 한자 99자를 익혔습니다. 학습자의 학년, 나이, 학습수용도에 따라 6급·6급II, 5급 이내에서 응시용 수험서(기탄급수한자 빨리따기)로 준비한 후 자격증 취득에 도전해 보세요.
G단계	• 8급 : 學 • 7급 : 夫, 重, 活, 動, 時, 間, 空, 氣, 事, 問, 答, 登, 場, 春, 夏, 秋, 冬, 物, 電 • 6급·6급II : 果, 美, 夜, 成, 功, 者, 集, 現, 在, 社, 會, 部, 省, 溫, 愛, 病, 死, 發, 書, 高, 苦, 樂, 朝, 理, 習 • 5급 : 實, 要, 景, 商, 技, 能, 貴, 敬, 件, 賞 • 4급II : 婦, 得, 協, 低, 眞	G단계에서는 형성자, 회의자를 중심으로 60자의 필수한자를 익혔습니다. 이는 A단계 학습 한자부터 누적하면 한자능력검정시험 배정한자 중 7급 배정한자 133자, 6급·6급II 배정한자 210자와 상위급수 한자 114자를 익혔습니다. 학습자의 학년, 나이, 학습수용도에 따라 6급·6급II, 5급 이내에서 응시용 수험서(기탄급수한자 빨리따기)로 준비한 후 자격증 취득에 도전해 보세요.

※ 이 표는 기탄한자 학습 후 한자능력검정시험 자격증 취득의 연계를 위한 지침입니다. 학습자의 학습경험이나 상태에 따라 개별적인 지침이 달라질 수 있습니다.

5호

기탄교과서한자 F단계 2집 65a~80a

F2집
65a-128a

4 in 1 시스템

기탄교과서한자는 학습효과를 극대화하기 위해 매주 학습할 분량이 별도의 책으로 특수제본되어 있습니다.

본 교재는 1권의 책 속에 1주일 학습할 분량의 교재 4권이 들어 있는 4 in 1 시스템으로 제본되어 있습니다. 따라서 4권의 책으로 분리되는 것이 정상적인 제본이며, 호별로 빼내어 학습하시면 아주 효과적입니다.

F2집
5호
65a-80a

초등 교과서 한자어를 총체 분석한 어휘력 향상 한자 학습 프로그램

공부한 날   월   일 ~   월   일
                교   반
이름   전화

www.gitan.co.kr

F단계 학습 한자 일람

	F단계						
1집	仁, 仙, 信, 休 安, 宅, 官, 容 海, 洋, 漁, 洗	2집	他, 位, 俗, 保 守, 室, 客, 定 林, 村, 材, 校	3집	決, 洞, 注, 流 便, 作, 使, 代 念, 志, 感, 想	4집	計, 記, 語, 詩 情, 性, 進, 造 始, 好, 雲, 雪
	복습		복습		복습		복습

학습 진단 관리표

	한자		한자어		이번 주는
	읽기	쓰기	읽기	쓰기	
금주평가	Ⓐ 아주 잘함 Ⓑ 잘함 Ⓒ 보통 Ⓓ 노력해야 함	Ⓐ 아주 잘함 Ⓑ 잘함 Ⓒ 보통 Ⓓ 노력해야 함	Ⓐ 아주 잘함 Ⓑ 잘함 Ⓒ 보통 Ⓓ 노력해야 함	Ⓐ 아주 잘함 Ⓑ 잘함 Ⓒ 보통 Ⓓ 노력해야 함	● 학습방법 ❶ 매일매일 ❷ 가끔 ❸ 한꺼번에 하였습니다. ● 학습태도 ❶ 스스로 잘 ❷ 시켜서 억지로 하였습니다. ● 학습흥미 ❶ 재미있게 ❷ 싫증내며 하였습니다. ● 교재내용 ❶ 적합하다고 ❷ 어렵다고 ❸ 쉽다고 하였습니다.
	지도 교사가 부모님께				부모님이 지도 교사께

종합평가	Ⓐ 아주 잘함	Ⓑ 잘함	Ⓒ 보통	Ⓓ 노력해야 함

 **1** 일차 (65a~67b)
- 다시보기를 통하여 海, 洋, 漁, 洗의 훈, 음, 형, 한자어를 복습합니다.
- 이번 주에 배울 他, 位, 俗, 保의 용례를 문장 속에서 찾아봅니다.

 **2** 일차 (68a~71b)
- 알아보기를 통하여 他, 位, 俗, 保의 3요소와 필순, 부수를 학습합니다.
- 부수가 공통적으로 亻(사람 인)임을 알고 亻이 쓰인 한자는 사람과 관련된 뜻을 나타냄을 이해합니다.

 **3** 일차 (72a~74b)
- 만화로 고사성어 梁上君子의 뜻과 쓰임을 알아보고 적절하게 사용할 수 있습니다.
- 한자의 造語(조어) 원리를 깨달아 다른 한자어도 만들어 봅니다.

 **4** 일차 (75a~77b)
- 동화 '죄 많은 장님'을 읽고 학습한 한자를 문장 속에 활용해 봅니다.
- 俗, 保와 다른 한자를 결합하여 만든 民俗, 風俗, 保全, 安保 등의 한자어를 익힙니다.

 **5** 일차 (78a~80a)
- 전래동화 '꼭두각시와 목도령'을 읽고 한자를 이야기 속에 적용하여 풀이합니다.
- 풀어보기, 형성평가를 통해 학습 한자를 정리하고 '안성맞춤이로세!'를 읽고 안성맞춤의 유래를 알아봅니다.

1. 다음 빈 칸에 알맞게 쓰세요.

| 海 | 바다 | | 洋 | | 양 |
| 漁 | | 어 | 洗 | | 세 |

2. 다음 빈 칸에 알맞은 훈음을 쓰세요.

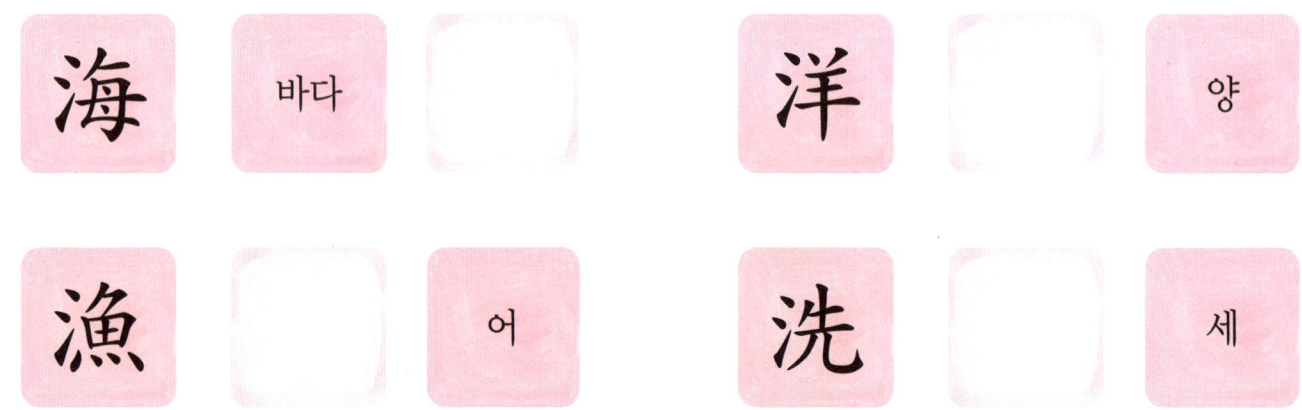

3. 다음 보기 에서 알맞은 한자어를 찾아 쓰세요.

보기: 海洋   海外   漁夫   洗手

- 海外 : 바다의 밖. 곧 외국
- 海洋 : 넓은 바다
- 洗手 : 얼굴을 씻음
- 漁夫 : 고기잡이를 업으로 하는 사람

4. 다음 보기 에서 알맞은 음을 찾아 쓰세요.

보기: 해외   출어   세차   동양

- 우리 삼촌은 방 청소는 잘 안 하시지만 洗車 [세][차] 는 자주 하신다.
- 더 넓은 세상을 경험하고 싶은 사람은 海外 [해][외] 로 가는 것도 좋다.
- 우리 마을 어민들이 지금 出漁 [출][어] 준비를 하고 있다.
- 아버지께서는 서양 음식보다 東洋 [동][양] 음식을 더 좋아하신다.

他가 쓰인 문장을 읽고 빈 칸에 한자어의 음을 쓰세요.

그 스님은 **他人**(타인)에게는 관대하고 자신에게는 엄격한 생활을 실천하셨습니다.

고향을 떠나 **他地**(타지)에서 생활하는 언니에게 어머니는 항상 김치와 밑반찬을 만들어 보내 주신다.

人 : 사람 인(A3-11)   地 : 땅 지(C3-9)

位가 쓰인 문장을 읽고 빈 칸에 한자어의 음을 쓰세요.

그림 지도를 보고 기호, **方位(방위)**, 축척을 이용하여 보물을 찾아보자.

品位(품위)있게 행동해야 한다는 것은 말괄량이 삐삐에겐 어려운 일이었다.

확인하기 方 : 모/방위 방(C4-14)   品 : 물건 품(E1-1)

俗이 쓰인 문장을 읽고 빈 칸에 한자어의 음을 쓰세요.

핀란드 사람들은 **民俗**(민속)춤 '옌카'를 추면서 서로 정답게 지냅니다.

우리 나라의 설날 **風俗**(풍속)은 여러 가지가 있다. 차례, 세배, 덕담 등이 바로 그것이다.

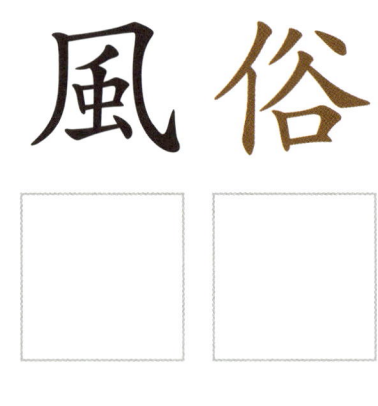

民 : 백성 민(E2-6)   風 : 바람 풍(B3-11)

찾아보기 保

保가 쓰인 문장을 읽고 빈 칸에 한자어의 음을 쓰세요.

깃대종은 그 지역을 상징하는 동·식물을 말합니다. 깃대종의 **保全(보전)**은 지역의 환경 보호가 잘 되었다는 증거가 됩니다.

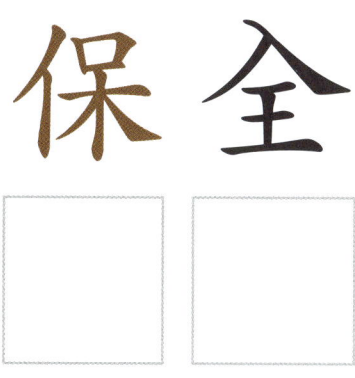

保 全

어느 택시 기사의 **安保(안보)** 의식으로 남파된 잠수함을 발견할 수 있었습니다.

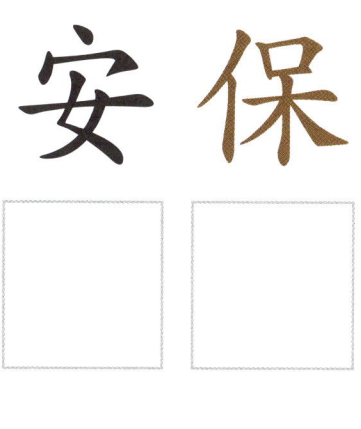

安 保

全 : 온전 전(D3-10)   安 : 편안 안(F1-2)

📖 他의 훈과 음을 읽어 보세요.

훈 : 다를   음 : 타

🔍 他가 만들어진 유래를 알아보세요.

亻(사람 인, 人의 변형)과 也(어조사 야)가 합하여진 한자입니다. 亻은 사람, 남을 나타내고 也는 뱀의 모양을 나타낸 한자로 뱀이 무서운 짐승이므로 사고, 별다른 일, 다른 것의 뜻으로 변하다가 남, 다른 일, 다르다를 나타낸 한자입니다.

✏️ 빈 칸에 알맞게 쓰세요.

他는 ☐ (사람 인) 과 也 (어조사 야) 를 합한 한자로

훈은 ☐ 이고, 음은 ☐ 입니다.

확인하기 人 : 사람 인(A3-11)   也 : 어조사 야   • 이번 주에는 亻이 공통적으로 부수로 쓰인 한자를 학습합니다.

🌙 他의 부수와 총획수를 알아보고 빈 칸에 알맞게 쓰세요.

他
다를 타

부수 – 亻   총획 – 5획

▶ 亻은 '사람 인' 입니다.
▶ 亻은 한자의 왼쪽에 쓰이면 '사람 인변' 으로 읽습니다.

· 他의 **훈**은 [　　] 이고, **음**은 [　　] 입니다.

· 他의 **부수**는 [　　] 이고, **총획**은 [　　] 입니다.

✏️ 他의 필순을 알아보고 알맞게 쓰세요.

확인하기 · 他와 반대되는 뜻의 한자는 自(스스로 자)가 있습니다.

位의 훈과 음을 읽어 보세요.

훈 : 자리   음 : 위

位가 만들어진 유래를 알아보세요.

亻(사람 인, 人의 변형)과 立(설 립)이 합하여진 한자입니다. 관리들이 서 있는 자리가 그 사람의 신분을 나타내는 서열을 뜻한다고 해서 자리, 지위, 장소, 위치 등을 나타냅니다.

빈 칸에 알맞게 쓰세요.

位는 ☐ (사람 인) 과 ☐ (설 립) 을 합한 한자로
훈은 ☐ 이고, 음은 ☐ 입니다.

확인하기 人 : 사람 인(A3-11)   立 : 설 립(C2-6)

🔎 位의 부수와 총획수를 알아보고 빈 칸에 알맞게 쓰세요.

位
자리 위

부수 - 亻　　총획 - 7획

▶ 亻은 '사람 인' 입니다.
▶ 亻은 한자의 왼쪽에 쓰이면 '사람 인변' 으로 읽습니다.

· 位의 **훈**은 ☐ 이고, **음**은 ☐ 입니다.

· 位의 **부수**는 ☐ 이고, **총획**은 ☐ 입니다.

✍ 位의 필순을 알아보고 알맞게 쓰세요.

ノ 亻 亻 亻 位 位 位

位　位　位　位

俗의 훈과 음을 읽어 보세요.

훈 : 풍속 음 : 속

俗이 만들어진 유래를 알아보세요.

亻(사람 인, 人의 변형)과 谷(골짜기 곡)이 합하여진 한자입니다. 谷은 골짜기를 뜻하는 것으로 사람들이 많이 모여 사는 곳이란 뜻에서 골짜기 근처에 사는 평범한 사람이란 뜻을 나타내게 되었고 후에 풍속, 세속이란 뜻을 나타낸 한자입니다. 谷(곡 → 속)이 음부분으로 쓰였습니다.

빈 칸에 알맞게 쓰세요.

俗은 ☐ (사람 인) 과 谷 (골짜기 곡) 을 합한 한자로

훈은 ☐ 이고, 음은 ☐ 입니다.

확인하기 人 : 사람 인(A3-11)   谷 : 골짜기 곡

🔍 俗의 부수와 총획수를 알아보고 빈 칸에 알맞게 쓰세요.

俗
풍속 속

부수 - 亻   총획 - 9획

▶ 亻은 '사람 인' 입니다.
▶ 亻은 한자의 왼쪽에 쓰이면 '사람 인변' 으로 읽습니다.

· 俗의 **훈**은 [　　] 이고, **음**은 [　　] 입니다.

· 俗의 **부수**는 [　　] 이고, **총획**은 [　　] 입니다.

✏️ 俗의 필순을 알아보고 알맞게 쓰세요.

保 알아보기

📖 保의 훈과 음을 읽어 보세요.

훈 : 지킬 음 : 보

🔍 保가 만들어진 유래를 알아보세요.

イ + 呆 ➔ 保

사람 인   지킬 보

イ(사람 인, 人의 변형)과 呆(지킬 보)가 합하여진 한자입니다. 어른(人)이 어린 아이를 감싸 안고 있는 모습(呆)을 나타낸 한자로 지키다, 보호하다, 보전하다를 뜻합니다.

✏️ 빈 칸에 알맞게 쓰세요.

保는 [　　　](사람 인) 과 [　呆　](지킬 보) 를 합한 한자로

훈은 [　　　] 이고, 음은 [　　　] 입니다.

[확인하기] 人 : 사람 인(A3-11)   • 呆는 保의 옛날 자형이며(古字) '어리석을 매/태' 라는 훈음도 있습니다.

🌀 保의 부수와 총획수를 알아보고 빈 칸에 알맞게 쓰세요.

保
지킬 보

부수 - 亻   총획 - 9획

▶ 亻은 '사람 인' 입니다.
▶ 亻은 한자의 왼쪽에 쓰이면 '사람 인변' 으로 읽습니다.

· 保의 **훈**은 ☐ 이고, **음**은 ☐ 입니다.

· 保의 **부수**는 ☐ 이고, **총획**은 ☐ 입니다.

🌀 保의 필순을 알아보고 알맞게 쓰세요.

丿 亻 亻 亻 仴 仴 仴 保 保

확인하기 • 保와 護(보호할 호)는 서로 뜻이 비슷한 한자입니다.

梁 : 대들보 **량**　　上 : 위 **상**　　君 : 임금 **군**　　子 : 아들 **자**

梁上君子 양상군자

대들보 위의 군자라는 뜻으로 도둑을 가리키는 말입니다. 진식이라는 학식이 뛰어나고 어진 인물이 있었는데 도둑이 그의 방 안 대들보 위에 숨어들었을 때 아들과 손자들을 불러 "사람이란 누구나 자기 스스로 노력하지 않으면 안 된다. 착하지 못한 짓을 하는 사람도 반드시 처음부터 악한 사람은 아니다. 평소의 잘못된 버릇이 성격으로 변하여 나쁜 일을 하게 되는 것이다. 저 대들보 위의 군자가 바로 그러한 사람이다."라고 말하여 도둑이 감화된 고사에서 유래된 성어입니다.

보기 와 같이 빈 칸에 알맞게 쓰세요.

어떤 문제에 부딪혔을 때, 내 입장에서만 고집하기보다는 **他人(타인)**의 입장에서 한 번 더 생각해 보자.

1.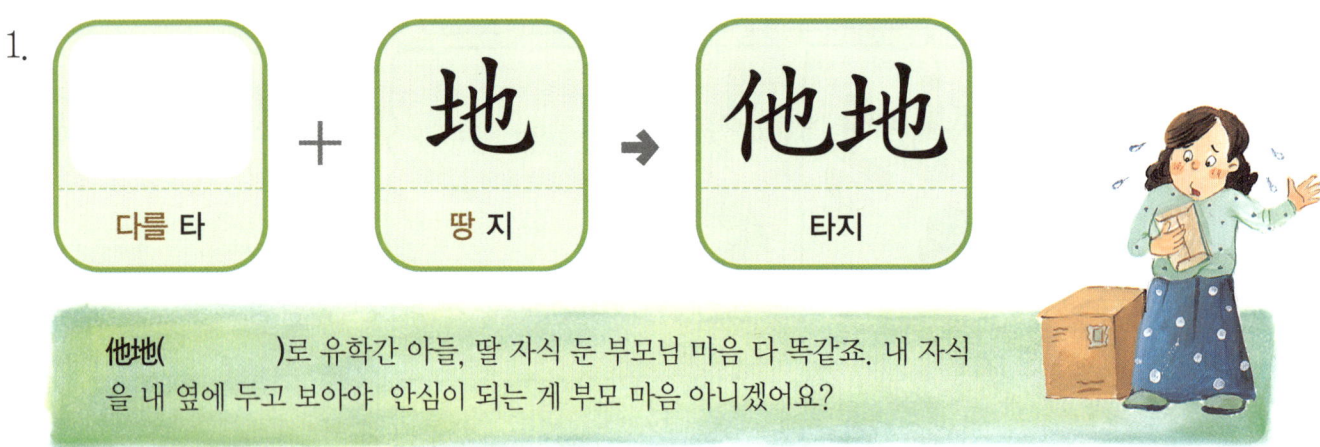

他地(　　　)로 유학간 아들, 딸 자식 둔 부모님 마음 다 똑같죠. 내 자식을 내 옆에 두고 보아야 안심이 되는 게 부모 마음 아니겠어요?

2.

내 친구 순영이는 自他(　　　)가 인정하는 우리 학교의 자랑거리이다.

人 : 사람 인(A3-11)　　地 : 땅 지(C3-9)　　自 : 스스로 자(B2-6)　　• 自와 他는 서로 상대적인 뜻의 한자입니다.

他를 필순에 맞게 쓰세요.

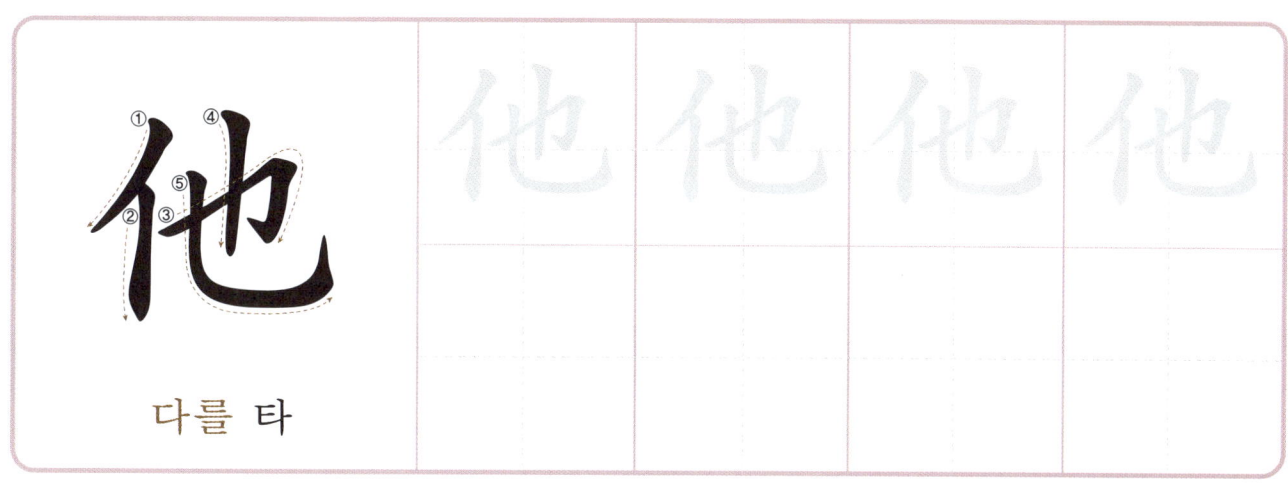

다를 타

빈 칸에 他를 써 넣어 한자어를 만들고, 그 뜻을 읽어 보세요.

他人(타인) : 다른 사람. 남

他地(타지) : 다른 지방. 딴 곳

自他(자타) : 자기와 남

보기 와 같이 빈 칸에 알맞게 쓰세요.

方位(방위) 기호를 이용하여 보물을 찾아보자.

1.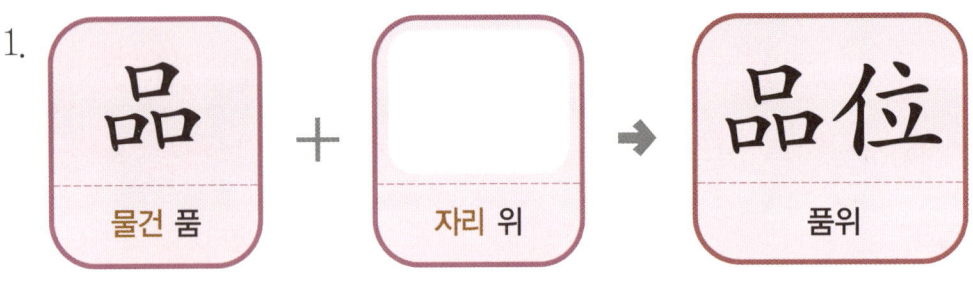

신사임당은 언제 어디서나 **品位**( )를 잃지 않는 행동을 하기로 유명하다. 그녀는 여자도 배워야 한다는 아버지의 가르침에 따라 열심히 문예를 갈고 닦았다.

2.

무게의 **單位**( )에는 1그램, 1킬로그램 등이 있습니다. 1그램은 1g, 1킬로그램은 1kg이라고 씁니다.

方 : 모/방위 방(C4-14)   品 : 물건 품(E1-1)   單 : 홑 단(E4-14)

位를 필순에 맞게 쓰세요.

자리 위

빈 칸에 位를 써 넣어 한자어를 만들고, 그 뜻을 읽어 보세요.

 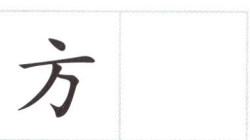  

方位(방위) : 동서남북을 기준으로 하여 정한 방향

品位(품위) : 사람이나 물건이 지닌 좋은 인상

單位(단위) : 길이, 넓이, 무게, 양 등을 수치로 나타내기 위하여 계산의 기본으로 정해 놓은 기준

술술술 漢字동화

동화를 읽고 보기에서 알맞은 한자나 음을 찾아 쓰세요.

꾀 많은 장님 1

옛날 어느 곳에 앞을 못 보는 장님이 살았습니다.

장님은 비록 앞은 못 보지만 열심히 일해서 삼백 냥이란 巨金 ☐☐ 을 모았습니다.

장님은 그 돈을 어떻게 保全 ☐☐ 할까 고민하다가 다른 사람들 ☐☐ 모르게 뒷마당에 살짝 묻기로 했습니다. 모두들 잠이 든 밤, 장님은 돈을 항아리에 담아 살금살금 뒷마당으로 갔습니다. 그런 다음, 땅을 파서 항아리를 묻었습니다.

| 보기 | 他人 | 位 | 分明 | 거금 | 보전 |

그런데 그만 옆집 욕심쟁이 영감이 변소에 가다 이 광경을 보고 말았습니다. 욕심쟁이 영감은 담을 넘어와 돈을 전부 훔쳐가 버렸답니다. 다음날 아침, 장님은 항아리가 잘 있나 땅을 더듬다 깜짝 놀랐습니다. 어디에도 항아리가 없었기 때문이지요.

"아니, 분명 이 **자리** ☐ 가 맞는데……. 아이고, 내 평생 모은 돈을 잃어버리다니!"

장님은 땅바닥에 털썩 주저앉았습니다.

"**분명** ☐☐ 히 누군가가 훔쳐간 게야. 누굴까?"

장님은 곰곰이 생각하다 기막힌 꾀가 떠올랐습니다.

−계속−

확인하기 巨 : 클 거(E1-2)   金 : 쇠/성 금/김(A1-3)   人 : 사람 인(A3-11)   分 : 나눌 분(C4-15)   明 : 밝을 명(C2-7)   全 : 온전 전(D3-10)

보기 와 같이 빈 칸에 알맞게 쓰세요.

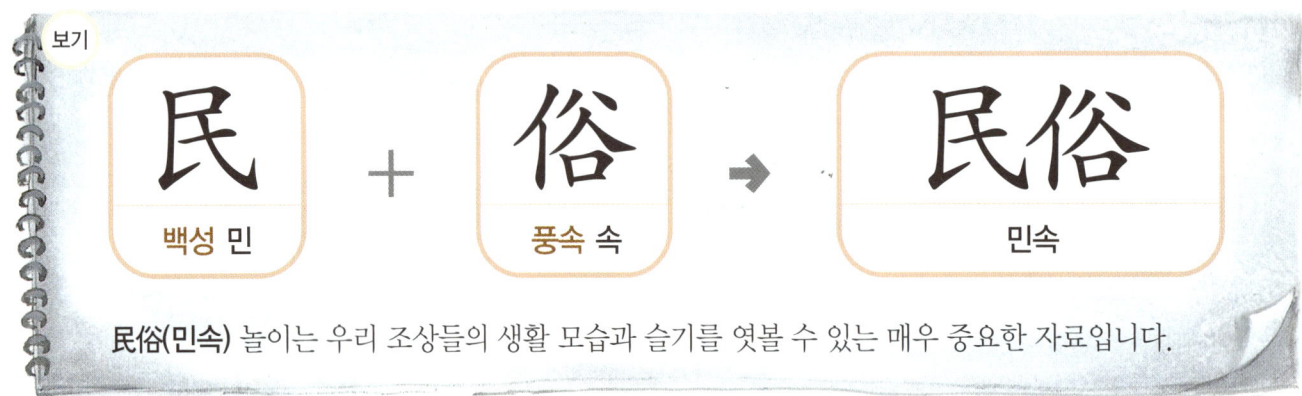

民俗(민속) 놀이는 우리 조상들의 생활 모습과 슬기를 엿볼 수 있는 매우 중요한 자료입니다.

1.

우리 겨레는 예부터 농사일이나 일상 생활에서 계절의 변화에 미리 대비하는 한편, 계절에 따라 색다른 음식이나 風俗(   )을 즐겼다.

2.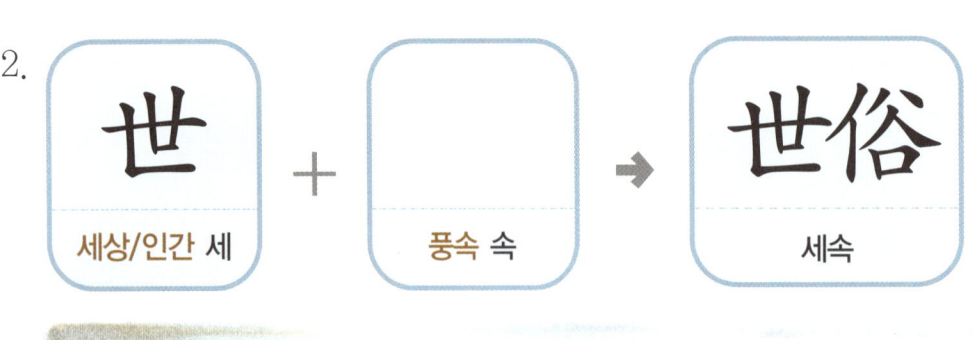

신라 때에 원광법사가 지은 화랑이 지켜야 할 다섯 가지 계명을 世俗(   ) 오계라 합니다.

확인하기 民 : 백성 민(E2-6)   風 : 바람 풍(B3-11)   世 : 세상/인간 세(D4-13)

🈶 俗을 필순에 맞게 쓰세요.

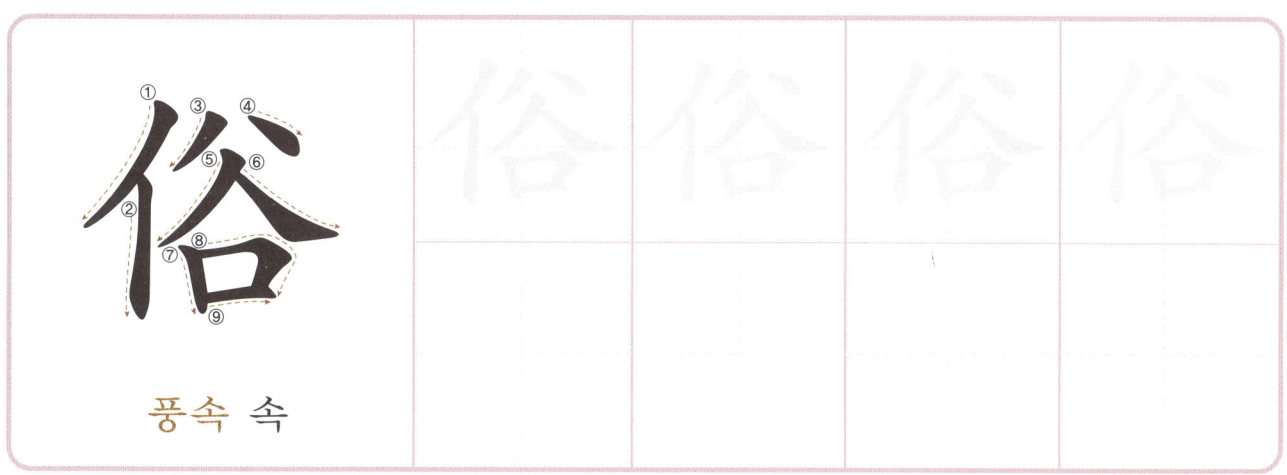

풍속 속

🈶 빈 칸에 俗을 써 넣어 한자어를 만들고, 그 뜻을 읽어 보세요.

民俗(민속) : 민간의 풍속

風俗(풍속) : 예로부터 지켜 내려오는 생활에 관한 사회적 습관

世俗(세속) : 이 세상

보기 와 같이 빈 칸에 알맞게 쓰세요.

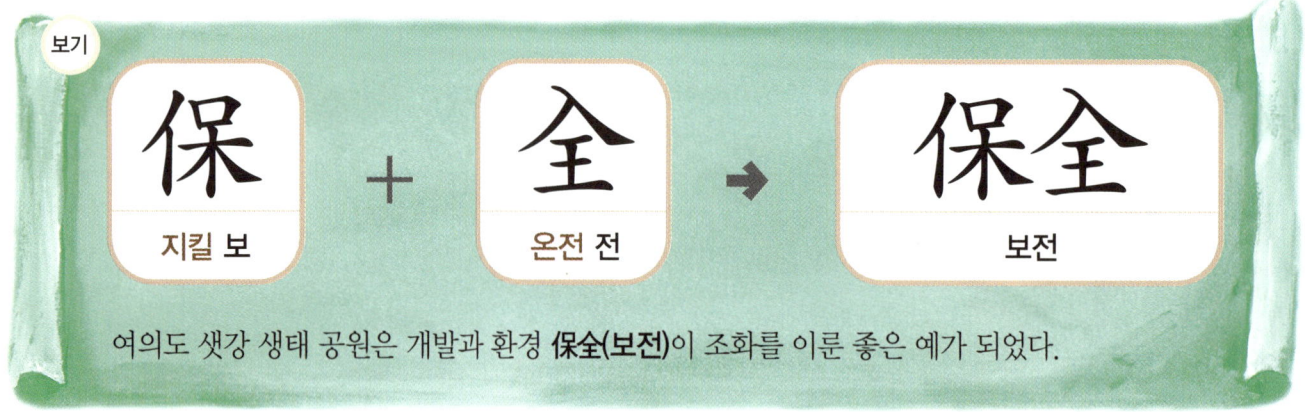

여의도 샛강 생태 공원은 개발과 환경 **保全**(보전)이 조화를 이룬 좋은 예가 되었다.

1.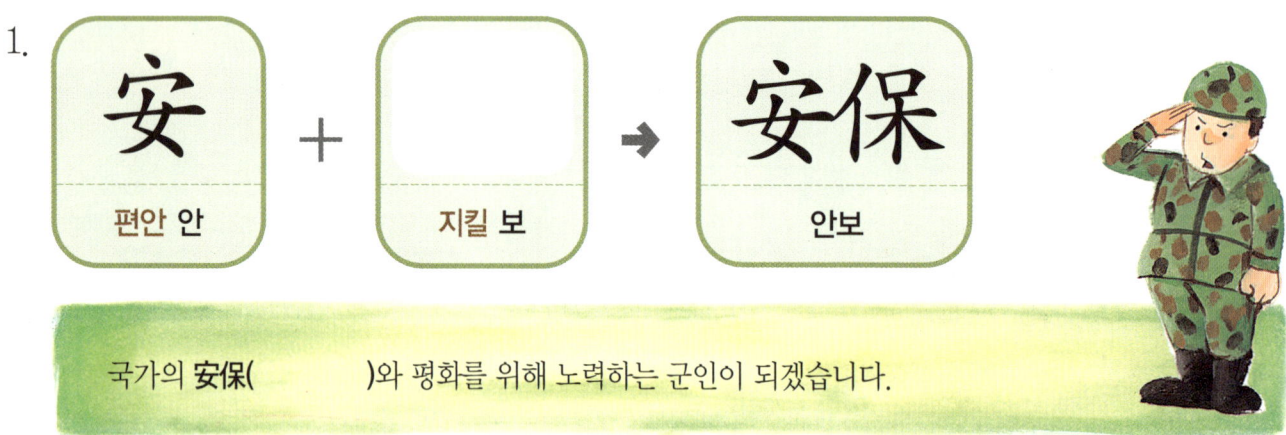

국가의 **安保**(   )와 평화를 위해 노력하는 군인이 되겠습니다.

2.

일본의 왜군들은 이미 성능 좋은 화총을 가지고 있었다. 반면에 우리 군사들이 **保有**(   )하고 있는 무기는 창과 활, 방패, 돌멩이 등이 전부였다.

全 : 온전 전(D3-10)   安 : 편안 안(F1-2)   有 : 있을 유(D1-3)

保를 필순에 맞게 쓰세요.

지킬 보

빈 칸에 保를 써 넣어 한자어를 만들고, 그 뜻을 읽어 보세요.

| | 全 | | 全 | | 全 |

保全(보전) : 온전하게 잘 지키거나 지님

| 安 | | 安 | | 安 | |

安保(안보) : 외국으로부터의 침략에 대하여 국가의 안전을 지키는 일

| | 有 | | 有 | | 有 |

保有(보유) : 가지고 있음

옛날이야기로 배우는 漢字

전래동화를 읽고 물음에 답하세요.

꼭두각시와 목도령

옛날에 꼭두각시라는 처녀와 목도령이라는 총각이 살았어요. 두 사람은 부부의 연을 맺었지요. 꼭두각시와 목도령은 혼인식을 치른 뒤, 깊은 산 속에 살림을 차리러 떠나게 되었어요. 그러던 중 산 속에서 길 잃은 할머니를 도운 일이 있었지요. 할머니는 고맙다면서 생전 처음 보는 새파란 나물과 물 한바가지를 주며 말했어요.
"길 가다 시장하거나 목마르거든, 이걸 잡수시구려."

부부는 할머니가 준 나물과 물 덕분에 힘을 내어 살기 좋은 곳을 찾아냈답니다. 부부는 집도 짓고 열심히 밭을 갈았어요. 그러던 어느 날, 호미 끝에 무엇이 걸리는 게 느껴졌지요. 파내어 보니 오래된 호리병이었어요. 부부는 혹시 쓸모가 있을까 해서 호리병을 집 처마 밑에 달아 놓고 소중히 ㉠保全했어요.

며칠 뒤에 한 스님이 부부의 집을 지나다, 호리병을 보더니 깜짝 놀라면서,
"저것을 어디서 얻었소?" "언젠가 새파란 나물과 붉은 빛이 도는 물을 드시지 않았소?"
하고 거듭 물었지요. 그 동안의 이야기를 들은 스님은 이렇게 말했어요.
"그 할머니는 관음보살님이오. 새파란 나물은 힘이 솟는 약풀이고, 물은 눈이 밝아지는 약물이지. 그것을 둘 다 먹으면 호리병이 보인다오. 이 병을 거꾸로 들고 무엇이든지 가지고 싶은 것을 말해 보시오."
부부는 스님이 가르쳐 준 대로 호리병을 거꾸로 들고, "먹을 것이 조금 있었으면 좋겠네."라고 말했어요. 그러자 병 속에서 하얀 쌀이 싸라락 나오는 것이었어요. "추우니까 옷이 한 벌 있었으면." 했더니 따뜻한 털옷도 떡하니 나왔습니다.
"이런 좋은 보물을 산 속에서 우리만 쓸 수는 없으니, 사람들이 많이 사는 곳으로 가서 ㉡다른 사람들과 함께 씁시다." 마을로 내려온 두 사람은 병에서 나온 물건을 온 마을 사람들에게 다 나누어 주고 행복하게 살았답니다.

1. ㉠의 음을 쓰세요.

2. ㉡의 뜻에 알맞은 한자를 쓰세요.

이번 주에 배운 한자어를 넣어, 그림의 상황에 어울리게 짧은 글을 지어 보세요.

方位

民俗   風俗

1. 서로 관련 있는 것끼리 선으로 이으세요.

保 · · 자리 · · 보

位 · · 다를 · · 위

俗 · · 지킬 · · 타

他 · · 풍속 · · 속

2. 다음 빈 칸에 공통적으로 들어갈 한자를 보기 에서 찾아 쓰세요.

보기   他   位   俗   保

자☐   ☐지   ☐인   ……… ☐

☐전   안☐   ☐유   ……… ☐

방☐   품☐   단☐   ……… ☐

민☐   풍☐   세☐   ……… ☐

3. 다음 밑줄 친 낱말의 뜻에 알맞은 한자를 쓰세요.

• 공공장소에서는 <u>다른</u>(　　) 사람을 배려할 줄 알아야 한다.

• 엄마! 좀더 힘을 내셔서 엄마의 <u>자리</u>(　　)를 지켜 주세요.

• 설날의 <u>풍속</u>(　　) 중 내가 가장 좋아하는 것은 세배하는 것이다.

• 이념을 <u>지키는</u>(　　) 일보다 실리를 우선하는 추세로 국가 간의 외교가 변하고 있다.

4. 서로 관련 있는 것끼리 선으로 이으세요.

| 位 | 保 | 他 | 俗 |

| 亻-총5획 | 亻-총7획 | 亻-총9획 | 亻-총9획 |

5. 다음 빈 칸에 알맞은 한자어를 보기 에서 찾아 쓰세요.

보기: 民俗　　安保　　他地　　方位

• 나침반을 이용하면 　방　위　를 쉽게 알 수 있다.

• 작은 것 하나라도 그냥 지나치지 않는 　안　보　의식이 필요하다.

• 우리 아빠는 　타　지　에서 가족을 위해 열심히 일하고 계신다.

• 외국에 사는 고모가 오셔서 온 가족이 　민　속　촌에 다녀왔다.

안성맞춤이로세!

"안성에선 소식이 없더냐?"
박대감은 하인을 불러 닦달했습니다. 내일 제사에 쓸 제기를 갖다달라고 부탁한 지 꽤 오래되었는데, 아직까지 연락이 없으니 궁금할 수밖에 없었습니다.
"오늘쯤이면 도착할 테니 조금만 기다려 보시지요."
안성 땅에서 만드는 놋그릇이 튼튼하고 질이 좋다는 소문이 자자했기 때문입니다.
'올해엔 무슨 일이 있어도 안성에서 맞춘 새 제기로 조상님을 모시려 했는데……'
박대감이 오늘 안으로 제기를 받기는 틀렸다고 체념할 때였습니다. 갑자기 밖에서 요란스런 소리가 들렸습니다.
"대감마님! 안성에서 사람이 왔습니다!"
박대감은 서둘러 밖으로 나와 보았습니다. 그리고는 제기를 짊어진 채 땀을 뻘뻘 흘리고 있는 안성 사람에게 나무라는 투로 물었습니다.
"왜 이리 늦었느냐?"
"죄송합니다. 길을 잘못 들어서……."
"됐네. 오느라 수고했으니, 어서 짐을 풀고 숨 좀 돌리게."
박대감은 그릇이 마음에 들었는지 그제서야 밝게 웃었습니다.

예로부터 경기도 안성에서 만드는 놋그릇은 아주 유명했습니다.
안성 놋그릇은 다 만들어진 것을 장에 내다 파는 '장내기'와 주문을 받고 만드는 '맞춤'이 있었습니다. 그런데 돈이 많은 사람들은 그릇을 꼭 맞춰 썼습니다. 그래서 안성에서 맞춘 그릇처럼 잘 만들어진 물건을 가리켜 '안성맞춤'이라고 하게 되었습니다.

다음 물음에 답하세요.

1. 다음 한자와 음이 바르게 연결되지 않은 것을 고르세요.

   ① 他 - 양   ② 俗 - 속   ③ 位 - 위   ④ 保 - 보

2. 다음 한자와 훈이 바르게 연결된 것을 고르세요.

   ① 保 - 지킬   ② 俗 - 손님   ③ 他 - 흐를   ④ 位 - 집

3. 다음 빈 칸에 알맞은 한자와 훈음을 쓰세요.

4. 다음 설명에 알맞은 한자를 쓰세요.

   亻(사람 인, 人의 변형)과 立(설 립)을 합해 만든 한자입니다. 관리들이 서 있는 자리가 그 사람의 신분을 나타내는 서열을 뜻한다고 해서 **자리, 지위, 장소, 위치** 등을 나타내는 한자입니다.

다음 한자어의 음을 쓰세요.

5.  單位

6.  世俗

7.  安保

8.  他人

다음 보기에서 알맞은 한자어를 찾아 쓰세요.

| 보기 | 保全 | 品位 | 單位 | 他人 |

9. 온전하게 잘 지키거나 지님 ....

10. 다른 사람, 남 ....

왼쪽의 한자어가 되도록 바르게 연결하세요.

11. 타지 ・ ・ 自 ・ ・ 位

12. 민속 ・ ・ 他 ・ ・ 他

13. 자타 ・ ・ 方 ・ ・ 地

14. 방위 ・ ・ 民 ・ ・ 俗

다음 빈 칸에 알맞은 한자어를 고르세요.

15. 핵무기 ☐ 국가와 강대국의 신경전으로 국제사회에 긴장이 감돌고 있습니다.

① 保有　　② 他地　　③ 他人　　④ 世俗

16. 그는 ☐ 가 공인하는 우리 학교 최고의 축구 선수입니다.

① 保全　　② 世俗　　③ 安保　　④ 自他

다음 보기 에서 알맞은 한자어를 찾아 쓰세요.

보기: 方位　　保有　　風俗　　自他

17. 보 유

18. 풍 속

19. 방 위

20. 자 타

정답 수	평가 결과 및 향후 진도
16~20문항	잘했어요. F2집 6호로 진행하세요.
11~15문항	부족해요. 틀린 문제의 한자를 다시 학습한 후 F2집 6호로 진행하세요.
10문항 이하	많이 부족해요. 이번 호를 복습한 후 다음 호로 진행하세요.

 他 다를 타

 位 자리 위

 俗 풍속 속

 保 지킬 보

他 位 俗 保

다를 타　자리 위　풍속 속　지킬 보

他位俗保

F단계 5호 해답

65a	1. 해, 큰바다, 고기잡을, 씻을
	2. 큰바다 양, 바다 해, 고기잡을 어, 씻을 세
65b	3. 海外, 海洋, 洗手, 漁夫
	4. 세차, 해외, 출어, 동양
66a	타인, 타지
66b	방위, 품위
67a	민속, 풍속
67b	보전, 안보
68a	亻, 다를, 타
68b	다를, 타, 亻, 5획
69a	亻, 立, 자리, 위
69b	자리, 위, 亻, 7획
70a	亻, 풍속, 속
70b	풍속, 속, 亻, 9획
71a	亻, 지킬, 보
71b	지킬, 보, 亻, 9획
73a	1. 他, 타지 2. 他, 자타
73b	他, 他, 他
74a	1. 位, 품위 2. 位, 단위
74b	位, 位, 位
75a	거금, 보전, 他人
75b	位, 分明
76a	1. 俗, 풍속 2. 俗, 세속
76b	俗, 俗, 俗
77a	1. 保, 안보 2. 保, 보유
77b	保, 保, 保
78a	1. 보전 2. 他人

79a 1.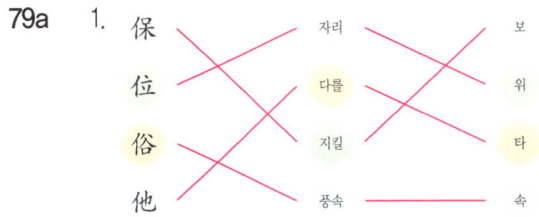

2. 他, 保, 位, 俗

79b 3. 他, 位, 俗, 保

4.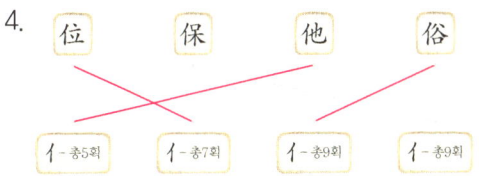

5. 方位, 安保, 他地, 民俗

형성평가

1. ①
2. ①
3. 他, 다를 타
4. 位
5. 단위
6. 세속
7. 안보
8. 타인
9. 保全
10. 他人

11. 타지
12. 민속
13. 자타
14. 방위

15. ①
16. ④
17. 保有
18. 風俗
19. 方位
20. 自他

펴낸이 : 정지향
펴낸곳 : (주)기탄교육
기획·편집·디자인 : 기탄교육연구소
주소 : 06698 서울특별시 서초구 효령로 42 기탄출판문화센터
등록 : 제22-1740호
전화 : (02)586-1007
팩스 : (02)586-2337

※서점에 갈 시간이 없거나 구하기 어려운 분은 인터넷 또는 전화로 신청하세요. 즉시 우송해 드립니다.
● www.gitan.co.kr

ⓒ 2005 (주)기탄교육 All rights reserved.
저작권자의 동의 없이 본 교재를 무단으로 복제하거나 전재하는 것을 금합니다.

F 단계에서 배운 한자들

俗 풍속 속

他 다를 타

位 자리 위

保 지킬 보

海 바다 해　洋 큰바다 양　漁 고기잡을 어　洗 씻을 세

仁 어질 인　仙 신선 선　信 믿을 신　休 쉴 휴　安 편안 안　宅 집 택　官 벼슬 관　容 얼굴 용

받아쓰기

♥ 엄마가 한자나 한자어를 부르고 아이가 받아쓰도록 합니다.

6호

기탄교과서한자 F단계 2집 81a~96a

F2집
65a-128a

F2집
6호
81a-96a

초등 교과서 한자어를 총체 분석한 어휘력 향상 한자 학습 프로그램

기탄 한자
교과서

공부한 날   월   일 ~   월   일
　　　　　　　　　　교　　　　반
이름　　　　　　전화

www.gitan.co.kr

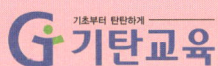

F단계 학습 한자 일람

	F단계						
1집	仁, 仙, 信, 休	2집	他, 位, 俗, 保	3집	決, 洞, 注, 流	4집	計, 記, 語, 詩
	安, 宅, 官, 容		守, 室, 客, 定		便, 作, 使, 代		情, 性, 進, 造
	海, 洋, 漁, 洗		林, 村, 材, 校		念, 志, 感, 想		始, 好, 雲, 雪
	복습		복습		복습		복습

학습 진단 관리표

	한자		한자어		이번 주는
	읽기	쓰기	읽기	쓰기	
금주평가	Ⓐ 아주 잘함	Ⓐ 아주 잘함	Ⓐ 아주 잘함	Ⓐ 아주 잘함	● 학습방법 ❶ 매일매일 ❷ 가끔 ❸ 한꺼번에 하였습니다.
	Ⓑ 잘함	Ⓑ 잘함	Ⓑ 잘함	Ⓑ 잘함	● 학습태도 ❶ 스스로 잘 ❷ 시켜서 억지로 하였습니다.
	Ⓒ 보통	Ⓒ 보통	Ⓒ 보통	Ⓒ 보통	● 학습흥미 ❶ 재미있게 ❷ 싫증내며 하였습니다.
	Ⓓ 노력해야 함	Ⓓ 노력해야 함	Ⓓ 노력해야 함	Ⓓ 노력해야 함	● 교재내용 ❶ 적합하다고 ❷ 어렵다고 ❸ 쉽다고 하였습니다.
	지도 교사가 부모님께				부모님이 지도 교사께

종합평가	Ⓐ 아주 잘함	Ⓑ 잘함	Ⓒ 보통	Ⓓ 노력해야 함

1일차 (81a~83b)
- 다시보기를 통하여 他, 位, 俗, 保의 훈, 음, 형, 한자어를 복습합니다.
- 이번 주에 배울 守, 室, 客, 定의 용례를 문장 속에서 찾아봅니다.
- 則은 아직 배우지 않은 한자이므로 한자어 읽기 위주로 학습합니다.

2일차 (84a~87b)
- 알아보기를 통하여 守, 室, 客, 定의 3요소와 필순, 부수를 학습합니다.
- 부수가 공통적으로 宀(집 면)임을 알고 宀이 쓰인 한자는 집과 관련된 뜻을 나타냄을 깨닫습니다.

3일차 (88a~90b)
- 만화로 고사성어 良藥苦於口의 뜻과 쓰임을 알아보고 적절하게 사용할 수 있습니다.
- 守, 室과 다른 한자를 결합하여 만든 守則, 保守, 室內, 居室 등의 한자어를 익힙니다.

4일차 (91a~93b)
- 동화 '꾀 많은 장님'을 읽고 알고 있는 한자를 문장 속에 활용해 학습합니다.
- 決은 아직 배우지 않은 한자이므로 훈음 읽기 위주로 학습합니다.

5일차 (94a~96a)
- 전래동화 '잊으라 한 건 안 잊고'를 읽고 한자를 이야기 속에 적용하여 풀이합니다.
- 풀어보기, 형성평가를 통해 학습한자를 정리하고 '섭씨와 화씨'를 읽고 온도와 관련한 상식을 알아봅니다.

1. 다음 빈 칸에 알맞게 쓰세요.

| 他 | 다를 | | 位 | | 위 |
| 俗 | | 속 | 保 | | 보 |

2. 다음 빈 칸에 알맞은 훈음을 쓰세요.

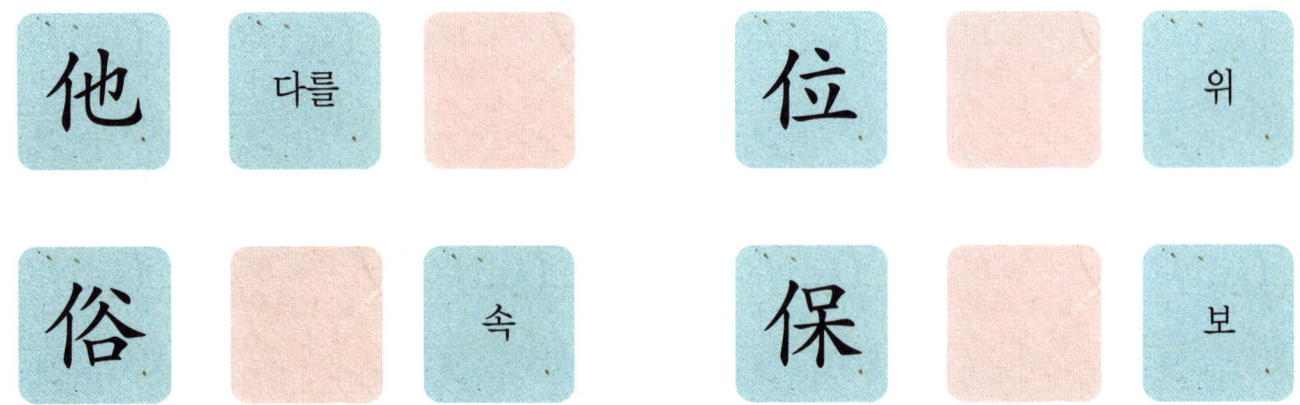

イ + 谷 → 俗 （풍속 속）

イ + 也 → 他 （　）

イ + 立 → 位 （　）

イ + 呆 → 保 （　）

3. 다음 보기 에서 알맞은 한자어를 찾아 쓰세요.

보기: 他地　安保　風俗　方位

安保 : 외국으로부터의 침략에 대하여 국가의 안전을 지키는 일

□ : 다른 지방. 딴 곳

□ : 동서남북을 기준으로 하여 정한 방향

□ : 예로부터 지켜 내려오는 생활에 관한 사회적 습관

4. 다음 보기 에서 알맞은 음을 찾아 쓰세요.

보기: 타인　풍속　방위　보전

• 나침반을 이용하면 方位 □□ 를 쉽게 알 수 있다.

• 우리 나라의 문화재를 잘 保全 □□ 해야 한다.

• 서로 사랑하는 사람들이 작은 오해 때문에 他人 □□ 으로 살아가는 것은 매우 슬픈 일이다.

• 단오에는 창포로 머리를 감는 風俗 □□ 이 전해진다.

守가 쓰인 문장을 읽고 빈 칸에 한자어의 음을 쓰세요.

교실이나 복도에서는 크고 작은 사고가 일어납니다. 실내에서 지켜야 할 안전 **守則(수칙)**을 정하고, 생활 속에서 실천해 봅시다.

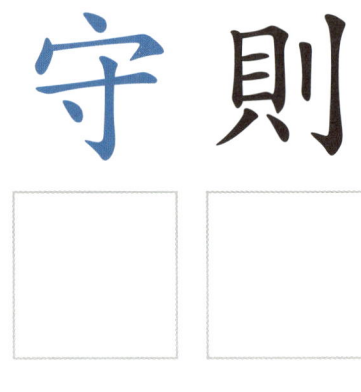

우리 아빠는 무척이나 엄한 성격을 가지셨다. 게다가 너무 **保守(보수)**적이어서 자상한 아빠를 둔 친구들이 부럽다. 아빠도 이런 내 마음을 알까?

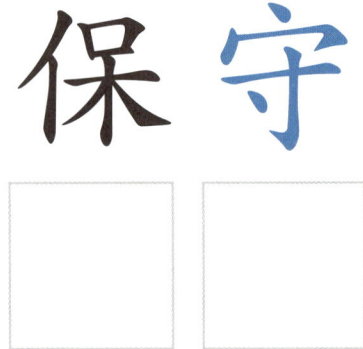

則 : 법칙 칙   保 : 지킬 보(F2-5)

 室 찾아보기

室이 쓰인 문장을 읽고 빈 칸에 한자어의 음을 쓰세요.

室內(실내)에서는 걸을 때도 사뿐사뿐, 친구와 이야기할 때에도 소곤소곤.

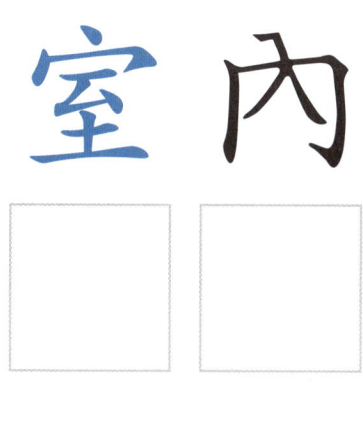

학교에서 돌아온 지원이는 새로 산 텔레비전을 보고 깜짝 놀랐다. 화면이 크고, 사진틀처럼 벽에 걸려있어 **居室**(거실)이 더 넓어 보였기 때문이다.

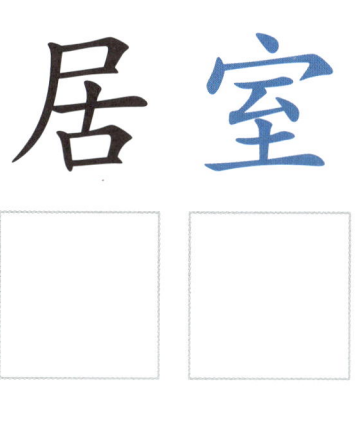

확인하기 內 : 안 내(C2-5)   居 : 살 거(E4-15)

客이 쓰인 문장을 읽고 빈 칸에 한자어의 음을 쓰세요.

돼지는 마치 자기가 생일 잔치의 주인공인 것처럼 잔칫상의 중앙에 앉아서 동물 친구들이 가지고 온 선물을 뜯고 있네요. **主客(주객)**이 완전히 바뀌었네요!

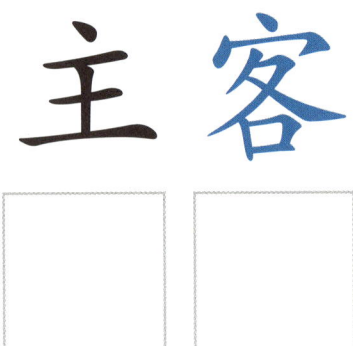

우리 유람선에서는 아름다운 일몰을 감상하실 수 있습니다. 저녁 식사를 마치신 승객 여러분께서는 **客室(객실)**에서 나오셔서 자연이 보여 주는 멋진 쇼에 함께 하시길 바랍니다.

확인하기   主 : 주인 주(B3-10)

定이 쓰인 문장을 읽고 빈 칸에 한자어의 음을 쓰세요.

모든 참가자들이 트랙에 **一定(일정)**한 간격을 두고 섭니다. 뛰지는 말고 빠르게 걸어 앞 사람의 등을 치는 게임입니다.

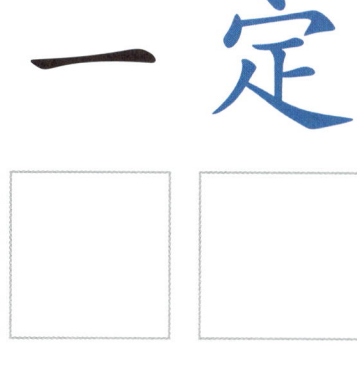

공을 막을 때는 공을 가진 사람이 움직이는 방향이나 공의 위치, 공을 받을 사람의 움직임을 잘 살피면서 어디로 움직여야 할지 재빨리 **決定(결정)**하여 움직여야 합니다.

 一 : 하나 일(A2-5)　　決 : 결단할 결(F3-9)

📖 守의 훈과 음을 읽어 보세요.

훈 : 지킬 음 : 수

🔍 守가 만들어진 유래를 알아보세요.

집 면   마디 촌

宀(집 면)과 寸(마디 촌)이 합하여진 한자입니다. 宀은 집, 寸은 길이의 단위로서 사물의 기준을 뜻한 한자입니다. 무릇 집이나 관청 등에는 기준이 있어서 이것이 지켜지지 않으면 그 집은 올바로 되지 못한다는 데서 지키다를 뜻합니다.

✏️ 빈 칸에 알맞게 쓰세요.

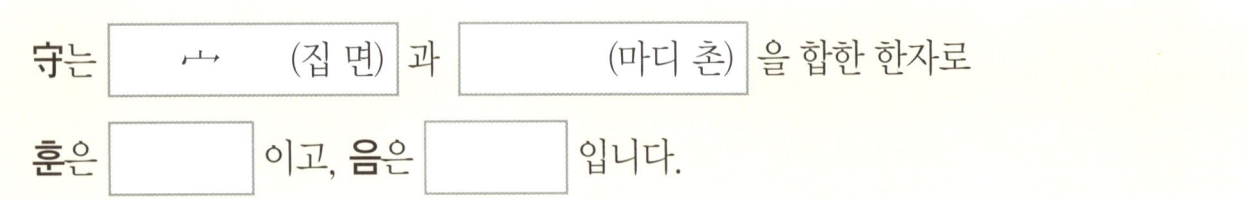

守는 □ 宀 (집 면) 과 □ (마디 촌) 을 합한 한자로

훈은 □ 이고, 음은 □ 입니다.

확인하기 宀 : 집 면   寸 : 마디 촌(E1-1)   • 이번 주에는 宀이 공통적으로 부수로 쓰인 한자를 익힙니다.

🌙 守의 부수와 총획수를 알아보고 빈 칸에 알맞게 쓰세요.

守
지킬 수

부수 - 宀   총획 - 6획

▶ 宀은 '집 면' 입니다.
▶ 宀은 한자의 윗부분에 쓰이면 '갓머리' 로 읽습니다.

· 守의 **훈**은 [　　] 이고, **음**은 [　　] 입니다.

· 守의 **부수**는 [　　] 이고, **총획**은 [　　] 입니다.

🌸 守의 필순을 알아보고 알맞게 쓰세요.

확인하기 · 守와 保(지킬 보)는 뜻이 비슷한 한자입니다.

📖 室의 훈과 음을 읽어 보세요.

훈 : 집 음 : 실

🔍 室이 만들어진 유래를 알아보세요.

> 🏠 ➡ 宀 + 至 ➡ 室
>
> 　　　집 면　　　이를 지
>
> 宀(집 면)과 至(이를 지)를 합해 만든 한자로 사람이 이르러(至) 사는 집(宀)을 나타냈습니다. 宀이 뜻부분이 되고 至(지 → 실)가 음부분이 되었습니다.

✏️ 빈 칸에 알맞게 쓰세요.

室은　[宀]　(집 면) 과　[至]　(이를 지) 를 합한 한자로

훈은 [　　] 이고, 음은 [　　] 입니다.

확인하기　宀 : 집 면　　至 : 이를 지　• 室은 바깥채에 대해 안쪽의 방을 일컫는 말입니다.

🔍 室의 부수와 총획수를 알아보고 빈 칸에 알맞게 쓰세요.

室
집 실

부수 - 宀   총획 - 9획

▶ 宀은 '집 면' 입니다.
▶ 宀은 한자의 윗부분에 쓰이면 '갓머리' 로 읽습니다.

· 室의 **훈**은 ▢ 이고, **음**은 ▢ 입니다.

· 室의 **부수**는 ▢ 이고, **총획**은 ▢ 입니다.

✏️ 室의 필순을 알아보고 알맞게 쓰세요.

`丶 宀 宀 宁 宁 宇 宇 室 室`

확인하기 · 室과 家(집 가)는 뜻이 비슷한 한자입니다.   · 宀이 부수로 쓰인 한자는 주로 '집'과 관련된 뜻을 지니고 있습니다.

客의 훈과 음을 읽어 보세요.

훈 : 손님   음 : 객

客이 만들어진 유래를 알아보세요.

宀 + 各 → 客

집 면   각각 각

宀(집 면)과 各(각각 각)을 합한 한자입니다. 各은 밖에서 돌아오다, 어떤 거리까지 이르다라는 뜻이 있으므로 후에 각처에서 집으로 온 사람이라는 데서 손님을 나타낸 한자입니다.

빈 칸에 알맞게 쓰세요.

客은 ⏹ (집 면) 과 ⏹ (각각 각) 을 합한 한자로

훈은 ⏹ 이고, 음은 ⏹ 입니다.

확인하기 宀 : 집 면   各 : 각각 각(E1-2)

🔎 客의 부수와 총획수를 알아보고 빈 칸에 알맞게 쓰세요.

客
손님 객

부수 – 宀   총획 – 9획

▶ 宀은 '집 면' 입니다.
▶ 宀은 한자의 윗부분에 쓰이면 '갓머리'로 읽습니다.

· 客의 훈은 [　　] 이고, 음은 [　　] 입니다.
· 客의 부수는 [　　] 이고, 총획은 [　　] 입니다.

✍ 客의 필순을 알아보고 알맞게 쓰세요.

丶 丶 宀 宀 宀 安 安 客 客

客　客　客　客

확인하기 · 主(주인 주)와 客은 서로 뜻이 상대되는 한자입니다.

定 알아보기

📖 定의 훈과 음을 읽어 보세요.

훈 : 정할   음 : 정

定이 만들어진 유래를 알아보세요.

宀(집 면)과 正(바를 정)의 옛 형태인 疋(짝 필)을 합해 만든 한자입니다. 집(宀)의 규칙이 바르게(疋=正) 지켜져서 집안이 안정됨을 나타내어 정하다, 정해지다, 반드시 등을 뜻합니다.

빈 칸에 알맞게 쓰세요.

定은 [宀 (집 면)]과 [疋 (짝 필)]을 합한 한자로
훈은 [   ]이고, 음은 [   ]입니다.

확인하기 宀 : 집 면   疋 : 짝/필 필 여기에서는 正의 古字(고자 : 옛체의 글자)입니다.

定의 부수와 총획수를 알아보고 빈 칸에 알맞게 쓰세요.

定
정할 정

부수 – 宀   총획 – 8획

▶ 宀은 '집 면' 입니다.
▶ 宀은 한자의 윗부분에 쓰이면 '갓머리'로 읽습니다.

· 定의 **훈**은 [　　] 이고, **음**은 [　　] 입니다.
· 定의 **부수**는 [　　] 이고, **총획**은 [　　] 입니다.

定의 필순을 알아보고 알맞게 쓰세요.

良: 좋을 량 藥: 약 약 苦: 쓸 고 於: 어조사 어 口: 입 구

良藥苦於口
양약고어구

몸에 좋은 약은 입에 쓰다는 말로 좋은 충고는 귀에 거슬린다는 뜻으로 쓰이는 성어입니다. 유방이 항우보다 앞서 진나라의 도읍 함양에 입성했을 때 궁중에는 온갖 재물과 아름다운 궁녀들이 잔뜩 있었습니다. 유방은 마음이 동하여 그대로 궁중에 머물려고 했으나 번쾌와 장량이라는 신하가 유방에게 충언한 데서 유래되어진 성어입니다.

보기 와 같이 빈 칸에 알맞게 쓰세요.

보기

守 (지킬 수) + 則 (법칙 칙) → 守則 (수칙)

가정 환경 보전 **守則(수칙)** 지키기, 에너지 아껴 쓰기, 쓰레기 분류하여 버리기.

1. 保 (지킬 보) + ☐ (지킬 수) → 保守 (보수)

우리 나라 구한말의 역사를 보면 개화파 사상가들과 **保守(　　)** 파 사상가들의 대립으로 나누어 볼 수 있다.

2. ☐ (지킬 수) + 兵 (병사 병) → 守兵 (수병)

그는 임금님을 보기 위해 시골에서 먼 길을 걸어왔습니다. 이윽고 성이 보이고 성문 옆에는 성을 지키는 **守兵(　　)** 도 보였습니다.

확인하기 則 : 법칙 칙   保 : 지킬 보(F2-5)   兵 : 병사 병(C4-13)

守를 필순에 맞게 쓰세요.

지킬 수

빈 칸에 守를 써 넣어 한자어를 만들고, 그 뜻을 읽어 보세요.

　 則　　 則　　 則

守則(수칙) : 지키도록 정해진 규칙

　保 　　保 　　保

保守(보수) : 오랜 습관·제도·방법 등을 소중히 여겨 그대로 지킴

　 兵　　 兵　　 兵

守兵(수병) : 수비하는 병사

室로 漢字語 만들기

보기 와 같이 빈 칸에 알맞게 쓰세요.

보기

室 (집 실) + 內 (안 내) → 室內 (실내)

문화 시민은 室內(실내)에서 조용히 이야기합니다.

1. 居 (살 거) + ☐ (집 실) → 居室 (거실)

나는 居室(　　　)에서 텔레비전을 보다가 초인종 소리가 나서 얼른 현관으로 뛰어갔습니다.

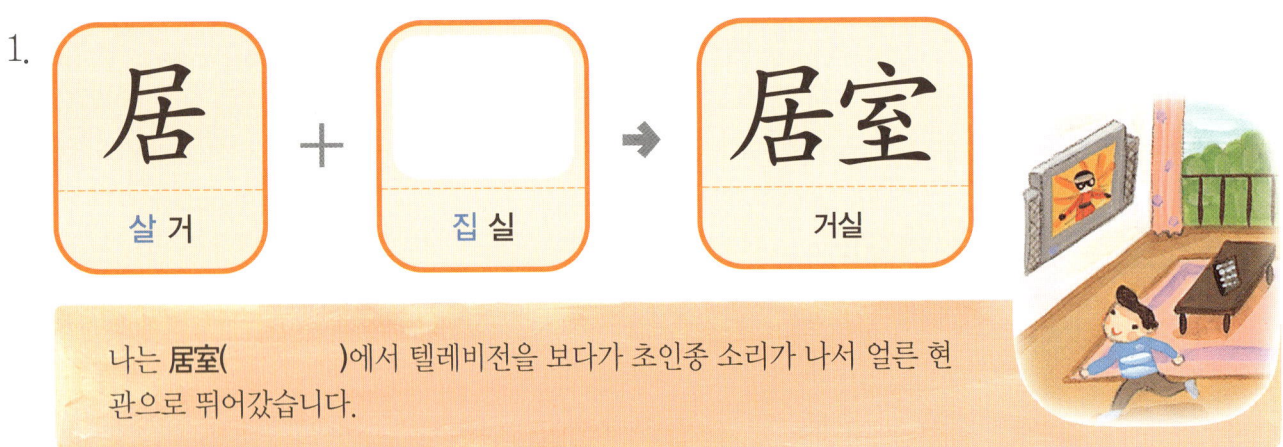

2. 王 (임금 왕) + ☐ (집 실) → 王室 (왕실)

창덕궁에는 나라의 중요한 행사가 열렸던 인정전을 중심으로 하여 왕이 나라의 일을 보던 곳, 왕과 왕비 및 왕족이 살던 곳, 王室(　　　) 도서관과 정자 등이 있다.

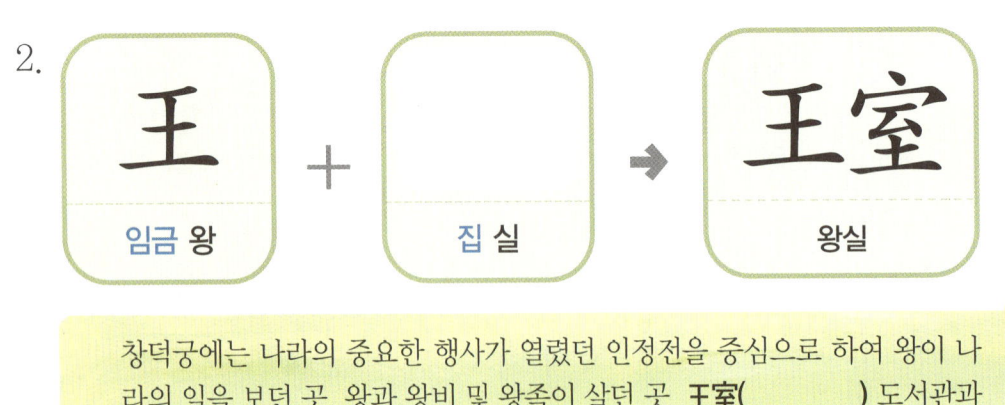

확인하기 內 : 안 내(C2-5)   居 : 살 거(E4-15)   王 : 임금 왕(B2-7)

室을 필순에 맞게 쓰세요.

집 실

빈 칸에 室을 써 넣어 한자어를 만들고, 그 뜻을 읽어 보세요.

室內(실내) : 방 안. 집 안

居室(거실) : 거처하는 방. 서양식 집에서 가족이 모여 생활하는 공간

  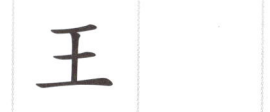 

王室(왕실) : 왕의 집안

술술술 漢字동화

동화를 읽고 보기 에서 알맞은 한자나 음을 찾아 쓰세요.

꾀 많은 장님 2

장님은 동네방네 다니면서 이렇게 떠들어댔습니다.

"돈 천 냥이 생겼다네. 이걸 어디다 숨겨야 할까? **실내**☐☐에 숨기자니

밤손님☐ 때문에 **지키기**☐가 힘이 들 것 같고……. 그래서 가까스로

정하길☐ 어제 삼백 냥을 묻은 곳에 같이 묻어야 할 것 같아!"

옆집 영감도 그 소문을 들었습니다.

'흐흐흐, 저 돈도 내가 가져야지.'

그런데 갑자기 머리 속에 한 가지 생각이 번뜩였습니다.

보기 | 室內　守　定　客　원래　位

'아차, 저 장님이 땅을 파 보고 삼백 냥이 없어진 걸 알면 그 곳에 돈을 묻지 않을 것이 아닌가!'

영감은 서둘러 집으로 가 돈 삼백 냥을 元來 ☐☐ 그 자리 ☐ 에 묻었습니다.

그 날 밤, 장님은 뒷마당으로 나와 땅을 파 보았습니다.

"하하, 그러면 그렇지!"

장님은 슬며시 웃으며 돈을 꺼내 집으로 들어갔습니다. 그리고 아무도 모르는 곳에 꽁꽁 숨겨두었지요.

"아차!"

욕심쟁이 영감은 그제서야 땅을 치며 후회했지만 소용없었답니다.

보기 와 같이 빈 칸에 알맞게 쓰세요.

그 일은 **主客**(주객)이 전도된 일이었습니다. 정말 어이없는 일이었지요.

1.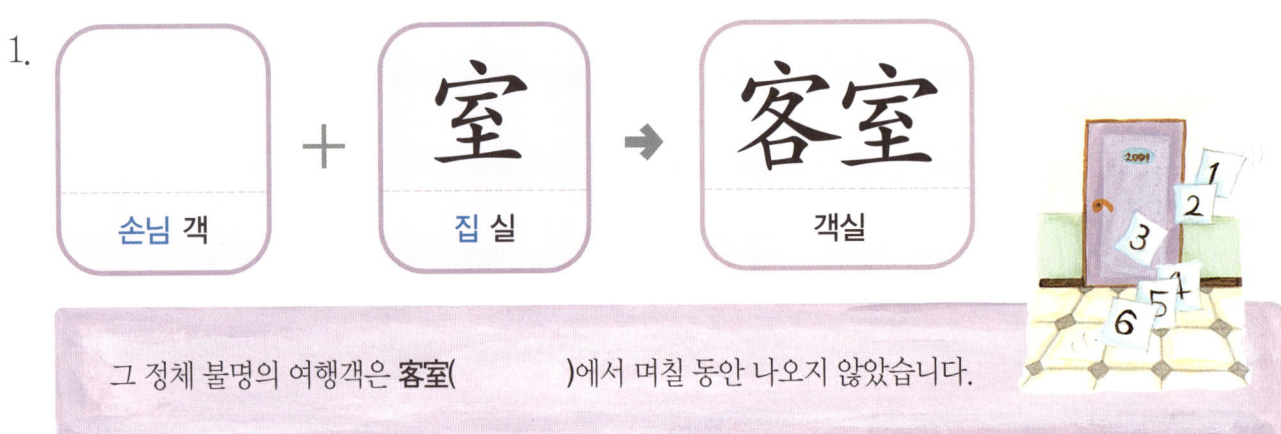

그 정체 불명의 여행객은 **客室**(　　　)에서 며칠 동안 나오지 않았습니다.

2.

할머니께서 미국에 있는 저에게 전화를 하셨습니다. "**客地**(　　　)에서 고생이 많구나. 건강 조심해라." 저는 눈물이 날 정도로 반갑고 고마웠습니다.

확인하기 主 : 주인 주(B3-10)　　地 : 땅 지(C3-9)

客을 필순에 맞게 쓰세요.

손님 객

빈 칸에 客을 써 넣어 한자어를 만들고, 그 뜻을 읽어 보세요.

 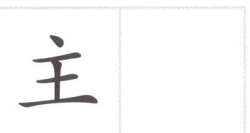  

主客(주객) : 주인과 손. 주되는 사물과 그에 딸린 사물

 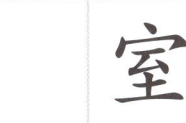  

客室(객실) : 손을 접대하거나 거처하게 하려고 마련한 방

客地(객지) : 자기가 살던 고장을 떠나 임시로 머무르는 곳

보기 와 같이 빈 칸에 알맞게 쓰세요.

투호는 주인이 손님을 접대할 때 즐기던 오락으로서, 一定(일정)한 거리에 위치한 귀 달린 항아리의 주둥이나 귀에 화살을 던져 넣는 놀이입니다.

1.

'허허, 걱정이군. 원숭이를 내다 팔 수도 없고······.' 저공은 고민을 하다가 먹이의 양을 줄이기로 決定( )하였습니다.

2.

스케이트 날을 밀때, 미는 발의 반대쪽 어깨를 앞으로 내밀면서 팔을 저으면 속도가 나기 시작합니다. 또 安定( )된 자세로 나아가려면 뒷짐을 지고 얼음을 지칩니다.

확인하기 一 : 하나 일(A2-5) 決 : 결단할 결(F3-9) 安 : 편안 안(F1-2)

定을 필순에 맞게 쓰세요.

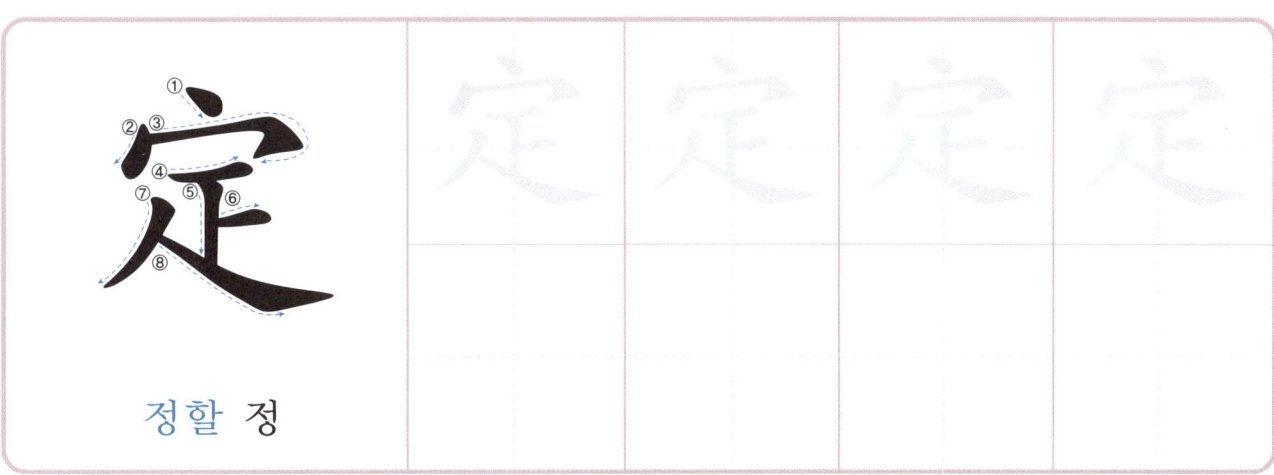

정할 정

빈 칸에 定을 써 넣어 한자어를 만들고, 그 뜻을 읽어 보세요.

| 一 | | 一 | | 一 | |

一定(일정) : 정해져 있어 바뀌거나 달라지지 않고 한결같음

| 決 | | 決 | | 決 | |

決定(결정) : 결단을 내려 확정함

| 安 | | 安 | | 安 | |

安定(안정) : 흔들림이 없이 안전하게 자리잡음

전래동화를 읽고 물음에 답하세요.

잊으라 한 건 안 잊고

옛날 어느 부잣집 도령이 혼자서 서울 구경을 나섰습니다. 어린 도령의 짐 보따리에는 돈이 두둑이 들어 있었지요. 도령은 서울에 와서 어느 여관 ㉠객실에 짐을 풀고 보따리를 맡겼습니다.
그런데 여관집 주인 부부는 어린 도령의 보따리가 탐이 났습니다.
'그것을 빼앗을 무슨 방법이 없을까?' 하고 연구하던 중, 좋은 생각이 떠올랐어요.
"맞다! 호박씨가 머리를 아둔하게 만들고 기억력을 없앤다 했지!"
주인 부부는 그 도령이 보따리를 까맣게 잊고 시골로 그냥 돌아가게 할 작정이었습니다.
그들은 틈나는 대로 호박씨를 까서 도령의 입에 한 줌씩 넣어 주었어요.
'아유, 잘 먹는다. 저렇게 잘 먹는 걸 보니 맡긴 걸 잊어버리겠구나.'

부부는 도령 몰래 눈길을 부딪치며 ㉡未來의 꿈에 부풀어 있었습니다.
도령이 구경을 다 하고 떠날 날이 되었습니다. 그런데 도령은 당연하다는 듯 "내 보따리 주세요." 하는 것이 아니겠어요? 주인은 기가 막혔지만, 임자가 달라고 하니 어쩔 수 없이 그 묵직한 보따리를 도령 어깨에 메어 주었습니다.
도령이 공손히 인사를 하고 대문을 나선지 한 시간도 훨씬 지났을 때였습니다. 주인 아낙네가 무릎을 치며 소리를 질렀어요.
"아이고머니! 그 도령이 잊으라는 보따리는 잊지 않고, 밥값을 잊고 그냥 갔으니 이 일을 어쩌면 좋아!"

1. ㉠을 한자로 바꾸어 쓰세요.

2. ㉡의 음을 쓰세요.

이번 주에 배운 한자어를 넣어, 그림의 상황에 어울리게 짧은 글을 지어 보세요.

室內

客地

1. 서로 관련 있는 것끼리 선으로 이으세요.

2. 다음 빈 칸에 공통적으로 들어갈 한자를 보기 에서 찾아 쓰세요.

보기　客　定　守　室

보☐	☐칙	☐병	…… ☐
☐내	왕☐	거☐	…… ☐
일☐	결☐	안☐	…… ☐
☐실	☐지	주☐	…… ☐

3. 다음 밑줄 친 낱말의 뜻에 알맞은 한자를 쓰세요.

- **집**(　　) 안에서 뛰어다니지 말아라.
- 아버지가 안 계신 옥희는 사랑방 **손님**(　　)을 아버지처럼 따랐다.
- 선생님! 남자 아이들은 규칙을 잘 **지키지**(　　) 않고 공을 던져요!
- 빨리 인원을 **정해야**(　　) 한다.

4. 서로 관련 있는 것끼리 선으로 이으세요.

定　　　室　　　客　　　守

宀 - 총6획　　宀 - 총8획　　宀 - 총9획　　宀 - 총9획

5. 다음 빈 칸에 알맞은 한자어를 보기에서 찾아 쓰세요.

보기　　客地　　居室　　安定　　保守

- 체조 선수가 　안　정　된 자세로 착지를 하였습니다.
- 　객　지　에서 고생이 많구나.
- 우리 할아버지는 매우 　보　수　적인 분이시다.
- 우리 집은 　거　실　보다 안방이 더 넓다.

섭씨와 화씨

돌이가 창문틀에 턱을 괴고 창 밖을 바라보고 있었습니다. 겨울 방학이 시작된 지 며칠이 지났는데도 날씨가 포근해서 걱정이었습니다. 스케이트장에 얼음이 얼려면 쌩쌩 추워야 하는데 말입니다.

"엄마, 얼마나 추워야 얼음이 꽁꽁 얼어요?"
"영하가 되어야 얼음이 얼지."
"영하요? 영하는 내 친구 이름인데, 걔가 뭘 어쨌다는 거예요?" 돌이는 고개를 갸우뚱거렸습니다.

그러자 엄마는 하던 일을 멈추고 찬찬히 돌이에게 설명해 주었습니다.

"영하는 섭씨 0℃ 아래가 되는 온도를 말하는데, 이 때 물이 얼게 되지. 섭씨 0℃가 넘으면 '영상'이라고 하는데, 이때부터 얼음이 녹기 시작한단다. 그러다가 섭씨 100℃가 되면 물이 팔팔 끓게 되지. 온도가 몇 도인지는 섭씨 온도계로 재 보면 알 수 있어."

엄마의 설명을 들은 돌이는 갑자기 궁금해졌습니다.

"그 섭씨 온도계는 섭씨 아저씨가 만들었어요?"

엄마는 크게 소리 내어 웃었습니다.

"섭씨 아저씨? 그래, 맞긴 맞다. 그런데 섭씨 아저씨는 원래 스웨덴 사람인 셀시우스란다. 셀시우스가 만든 온도계가 중국에 처음 알려졌을 때, 중국 사람들은 셀시우스를 자기네 발음하고 비슷하게 '섭씨(攝氏)'라고 불렀지.

섭씨 온도계 말고 독일의 파렌하이트라는 사람이 만든 온도계도 있어. 중국 사람들은 파렌하이트를 '화륜해'라고 불렀어. 그래서 그 온도계는 '화씨(華氏) 온도계'가 되었지."

셀시우스와 파렌하이트가 '섭씨', '화씨'가 되었다니……. 돌이는 엄마의 이야기가 참 재미있었습니다.

氏 : 성씨 씨   攝 : 당길 섭   華 : 꽃 화

- 셀시우스(Celsius 1701~1744) : 스웨덴의 천문학자, 물리학자로 섭씨 온도계의 기원을 만들었습니다.
- 파렌하이트(Fahrenheit 1686~1736) : 독일의 물리학자로 네덜란드에 체류하여 유리 기구 제작 기술을 익혀 1720년 수은 온도계를 처음으로 만들었습니다.

형성평가 F단계 6호

날짜 　월　일　점수

다음 물음에 답하세요.

1. 다음 한자와 음이 바르게 연결되지 않은 것을 고르세요.

　① 守 - 수　　② 室 - 상　　③ 客 - 객　　④ 定 - 정

2. 다음 한자와 훈이 바르게 연결되지 않은 것을 고르세요.

　① 室 - 집　　② 守 - 지킬　　③ 定 - 대신할　　④ 客 - 손님

3. 다음 빈 칸에 알맞은 한자와 훈음을 쓰세요.

4. 다음 설명에 알맞은 한자를 쓰세요.

　宀(집 면)과 正(바를 정)의 옛 형태인 疋(짝 필)을 합해 만든 한자입니다. 집(宀)의 규칙이 바르게(疋=正) 지켜져서 집안이 안정됨을 나타내 **정하다, 정해지다, 반드시** 등을 뜻하는 한자입니다.

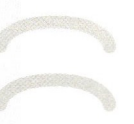

다음 한자어의 음을 쓰세요.

5.

6.  一定

7.

8.  守兵

다음 보기 에서 알맞은 한자어를 찾아 쓰세요.

보기　　一定　　室內　　保守　　客地

9. 오랜 습관·제도·방법 등을 소중히 여겨 그대로 지킴

10. 방 안. 집 안

왼쪽의 한자어가 되도록 바르게 연결하세요.

11. 보수 — 保 — 定
12. 객지 — 王 — 地
13. 일정 — 客 — 守
14. 왕실 — 一 — 室

다음 빈 칸에 알맞은 한자어를 고르세요.

15. 식구 모두 ____ 에서 텔레비전을 보고 있습니다.
    ① 安定 ② 居室 ③ 客地 ④ 保守

16. 저기에 성문을 지키는 ____ 이 보인다.
    ① 守兵 ② 室內 ③ 一定 ④ 客地

다음 보기 에서 알맞은 한자어를 찾아 쓰세요.

보기: 主客   室內   保守   安定

17. 실 내
18. 보 수
19. 안 정
20. 주 객

정답 수	평가 결과 및 향후 진도
16~20문항	잘했어요. F2집 7호로 진행하세요.
11~15문항	부족해요. 틀린 문제의 한자를 다시 학습한 후 F2집 7호로 진행하세요.
10문항 이하	많이 부족해요. 이번 호를 복습한 후 다음 호로 진행하세요.

F2집 6호 한자 카드

 守
지킬 수

 室
집 실

 客
손님 객

定
정할 정

守室客定
지킬 수 집 실 손님 객 정할 정

守室客定

F단계 6호 해답

81a	1. 타, 자리, 풍속, 지킬
	2. 풍속 속, 다를 타, 자리 위, 지킬 보
81b	3. 安保, 他地, 方位, 風俗
	4. 방위, 보전, 타인, 풍속
82a	수칙, 보수
82b	실내, 거실
83a	주객, 객실
83b	일정, 결정
84a	寸, 지킬, 수
84b	지킬, 수, 宀, 6획
85a	집, 실
85b	집, 실, 宀, 9획
86a	各, 손님, 객
86b	손님, 객, 宀, 9획
87a	정할, 정
87b	정할, 정, 宀, 8획
89a	1. 守, 보수 2. 守, 수병
89b	守, 守, 守
90a	1. 室, 거실 2. 室, 왕실
90b	室, 室, 室
91a	室內, 客, 守, 定
91b	원래, 位
92a	1. 客, 객실 2. 客, 객지
92b	客, 客, 客
93a	1. 定, 결정 2. 定, 안정
93b	定, 定, 定
94a	1. 客室 2. 미래

95a 1.
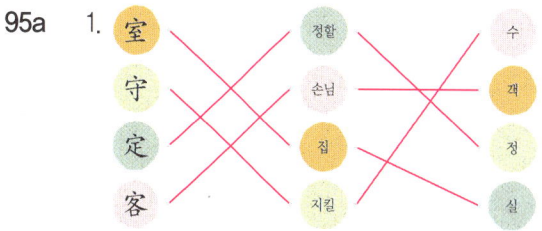

2. 守, 室, 定, 客

95b 3. 室, 客, 守, 定

4.
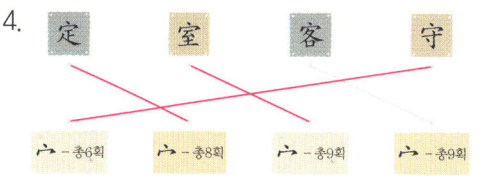

5. 安定, 客地, 保守, 居室

형성평가

1. ②　　　　　　　2. ③
3. 室, 집 실　　　　4. 定
5. 거실　　　　　　6. 일정
7. 객실　　　　　　8. 수병
9. 保守　　　　　　10. 室內

11. 보수 — 保 — 定
12. 객지 — 王 — 地
13. 일정 — 客 — 守
14. 왕실 — 一 — 室

15. ②　　　　　　　16. ①
17. 室內　　　　　　18. 保守
19. 安定　　　　　　20. 主客

펴낸이 : 정지항
펴낸곳 : (주)기탄교육
기획·편집·디자인 : 기탄교육연구소
주소 : 06698 서울특별시 서초구 효령로 42 기탄출판문화센터
등록 : 제22-1740호
전화 : (02) 586-1007
팩스 : (02) 586-2337

※ 서점에 갈 시간이 없거나 구하기 어려운 분은 인터넷 또는 전화로 신청하세요. 즉시 우송해 드립니다.
● www.gitan.co.kr

ⓒ 2005 (주)기탄교육 All rights reserved.
저작권자의 동의 없이 본 교재를 무단으로 복제하거나 전재하는 것을 금합니다.

F 단계에서 배운 한자들

守 지킬 수
客 손님 객
室 집 실
定 정할 정

| 海 바다 해 | 洋 큰바다 양 | 漁 고기잡을 어 | 洗 씻을 세 | 他 다를 타 | 位 자리 위 | 俗 풍속 속 | 保 지킬 보 |
| 仁 어질 인 | 仙 신선 선 | 信 믿을 신 | 休 쉴 휴 | 安 편안 안 | 宅 집 택 | 官 벼슬 관 | 容 얼굴 용 |

받아쓰기

♥ 엄마가 한자나 한자어를 부르고 아이가 받아쓰도록 합니다.

7호

기탄교과서한자 F단계 2집 97a~112a

F2집
65a-128a

F2집
7호
97a-112a

초등 교과서 한자어를 총체 분석한 어휘력 향상 한자 학습 프로그램

공부한 날   월   일 ~ 월   일
                  교   반
이름   전화

www.gitan.co.kr

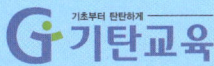

F단계 학습 한자 일람

	F단계						
1집	仁, 仙, 信, 休	**2집**	他, 位, 俗, 保	**3집**	決, 洞, 注, 流	**4집**	計, 記, 語, 詩
	安, 宅, 官, 容		守, 室, 客, 定		便, 作, 使, 代		情, 性, 進, 造
	海, 洋, 漁, 洗		林, 村, 材, 校		念, 志, 感, 想		始, 好, 雲, 雪
	복습		복습		복습		복습

학습 진단 관리표

	한자		한자어		이번 주는
	읽기	쓰기	읽기	쓰기	
금주평가	Ⓐ 아주 잘함	Ⓐ 아주 잘함	Ⓐ 아주 잘함	Ⓐ 아주 잘함	● 학습방법 ❶ 매일매일 ❷ 가끔 ❸ 한꺼번에 하였습니다.
	Ⓑ 잘함	Ⓑ 잘함	Ⓑ 잘함	Ⓑ 잘함	● 학습태도 ❶ 스스로 잘 ❷ 시켜서 억지로 하였습니다.
	Ⓒ 보통	Ⓒ 보통	Ⓒ 보통	Ⓒ 보통	● 학습흥미 ❶ 재미있게 ❷ 싫증내며 하였습니다.
	Ⓓ 노력해야 함	Ⓓ 노력해야 함	Ⓓ 노력해야 함	Ⓓ 노력해야 함	● 교재내용 ❶ 적합하다고 ❷ 어렵다고 ❸ 쉽다고 하였습니다.
	지도 교사가 부모님께				부모님이 지도 교사께

종합평가   Ⓐ 아주 잘함   Ⓑ 잘함   Ⓒ 보통   Ⓓ 노력해야 함

 **1** 일차 97a~99b
- 다시보기를 통하여 守, 室, 客, 定의 훈, 음, 형, 한자어를 복습합니다.
- 이번 주에 학습할 林, 村, 材, 校의 용례를 문장 속에서 찾아봅니다.
- 이번 주 학습 한자의 공통점은 무엇인지 스스로 발견할 수 있습니다.

 **2** 일차 100a~103b
- 알아보기를 통하여 林, 村, 材, 校의 3요소와 필순, 부수를 학습합니다.
- 부수가 공통적으로 木(나무 목)임을 알고 木이 쓰인 한자는 나무와 관련된 뜻을 나타냄을 알 수 있습니다.

 **3** 일차 104a~106b
- 만화로 고사성어 座右銘의 뜻과 쓰임을 알아보고 적절하게 사용할 수 있습니다.
- 造語(조어) 원리를 깨달아 林, 村과 다른 한자를 결합하여 새로운 한자어를 만들어 봅니다.

 **4** 일차 107a~109b
- 동화 '바보 영웅 이야기'를 읽고 한자를 이야기 속에서 적용하여 학습합니다.
- 材, 校를 파자(나누어서 이해함)하여 뜻부분과 음부분으로 나누어서 기억합니다.

 **5** 일차 110a~112a
- 전래동화 '반쪽이'를 읽고 이야기 속에서 한자를 학습합니다.
- 풀어보기, 형성평가를 통해 학습한자를 정리하고 '차례는 차례대로'를 읽고 동음이의어를 접해 봅니다.

1. 다음 빈 칸에 알맞게 쓰세요.

| 守 | 지킬 | | | 室 | | 실 |

| 客 | | 객 | | 定 | | 정 |

2. 다음 빈 칸에 알맞은 훈음을 쓰세요.

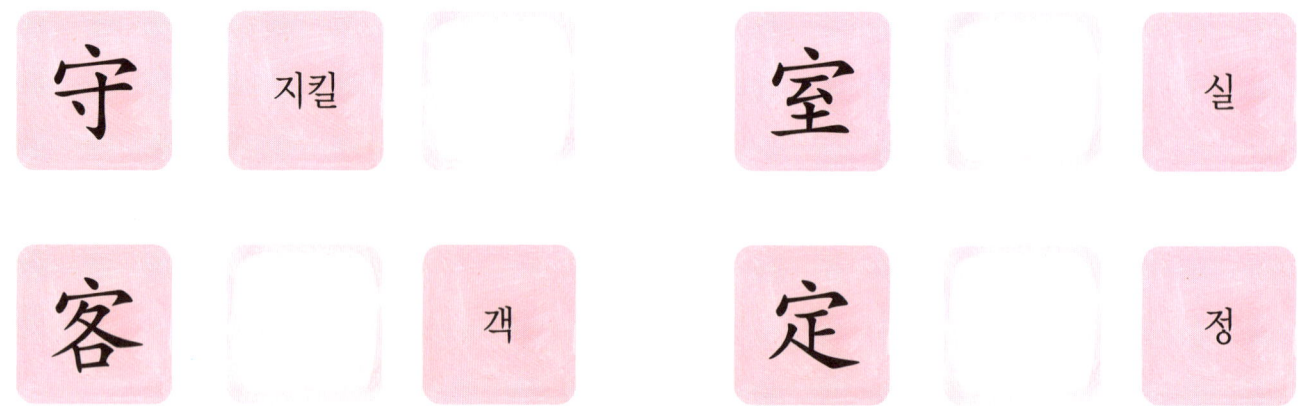

　→　宀 + 疋　→　定　정할 정

　→　宀 + 至　→　室　

　→　宀 + 寸　→　守　

　→　宀 + 各　→　客

3. 다음 보기 에서 알맞은 한자어를 찾아 쓰세요.

보기: 守則　　室內　　一定　　客室

客室 : 손을 접대하거나 거처하게 하려고 마련한 방

守則 : 지키도록 정해진 규칙

一定 : 정해져 있어 바뀌거나 달라지지 않고 한결같음

室內 : 방 안. 집 안

4. 다음 보기 에서 알맞은 음을 찾아 쓰세요.

보기: 객지　　안정　　거실　　수병

• 그는 이제 **安定** [안][정] 된 삶을 원한다.

• 성문 앞에 **守兵** [수][병] 이 서 있습니다.

• 나는 5년 동안 **客地** [객][지] 생활을 했다.

• **居室** [거][실] 은 온 가족이 함께 모이는 장소이다.

林이 쓰인 문장을 읽고 빈 칸에 한자어의 음을 쓰세요.

숲은 물을 저장했다가 공급해 주므로, **山林**(산림)을 잘 가꾸면 맑은 물을 공급해 주는 댐을 건설하는 것과 같다.

山 林

"이 지역은 **國有林**(국유림) 지역입니다. 담배를 피우거나 취사 행위를 해서는 안됩니다."

國 有 林

山 : 산/뫼 산(A1-1)　　國 : 나라 국(D4-13)　　有 : 있을 유(D1-3)

村이 쓰인 문장을 읽고 빈 칸에 한자어의 음을 쓰세요.

山村(산촌)에서는 계단식 논에 벼농사를 짓거나, 밭을 일구어 곡식과 채소를 가꿔 생활합니다.

山 村

漁村(어촌)에서는 어부들이 바다에 나가서 그물이나 낚시로 물고기를 잡습니다.

漁 村

확인하기 山 : 산/뫼 산(A1-1)   漁 : 고기잡을 어(F1-3)

材가 쓰인 문장을 읽고 빈 칸에 한자어의 음을 쓰세요.

1960년대에는 경제 개발이 추진되면서 산간 지역의 **木材(목재)**와 광물이 산업 발달에 특히 중요한 구실을 하였다.

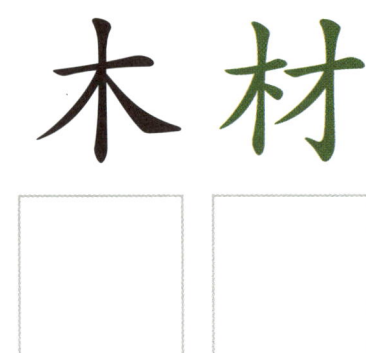

건축을 할 때 쓰이는 목재와 **石材(석재)** 등의 여러 재료가 해외에서 수입되고 있다.

木 : 나무 목(A1-3)　　石 : 돌 석(A4-13)

校가 쓰인 문장을 읽고 빈 칸에 한자어의 음을 쓰세요.

수업이 끝나고 **下校(하교)** 시간이 되자 친구들과 다정히 인사를 나누었다.

下 校

바로 그 때, **校長(교장)** 선생님의 말씀이 떠올랐습니다. 민호는 자기도 모르게 무릎을 탁 쳤습니다.

校 長

下 : 아래 하(A4-15)   長 : 길/어른 장(D3-11)

📖 林의 훈과 음을 읽어 보세요.

훈 : 수풀   음 : 림

📖 林이 만들어진 유래를 알아보세요.

木(나무 목)과 木(나무 목)을 합한 한자입니다. 나무가 두 그루 서 있는 모양을 나타냄으로써, 나무가 많이 늘어선 숲, 수풀을 나타낸 한자입니다.

📖 빈 칸에 알맞게 쓰세요.

林은 ☐ (나무 목)과 ☐ (나무 목)을 합한 한자로

훈은 ☐ 이고, 음은 ☐ 입니다.

확인하기 木 : 나무 목(A1-3)   • 이번 주에는 木이 공통적으로 부수로 쓰인 한자를 공부합니다.
• 木이 부수로 쓰인 한자는 주로 '나무, 나무의 성질' 등과 관련된 뜻을 지니고 있습니다.

🌙 林의 부수와 총획수를 알아보고 빈 칸에 알맞게 쓰세요.

林
수풀 림

부수 – 木   총획 – 8획

▶ 木은 '나무 목' 입니다.

· 林의 **훈**은 [　　] 이고, **음**은 [　　] 입니다.

· 林의 **부수**는 [　　] 이고, **총획**은 [　　] 입니다.

🌸 林의 필순을 알아보고 알맞게 쓰세요.

一 十 ㄱ 才 木 术 村 材 林

확인하기 • 林과 같이 똑같은 한자를 둘 또는 셋 겹쳐 놓아 만든 한자로 多(많을 다), 品(물건 품), 森(나무빽빽할 삼) 등이 있습니다.

기탄한자 F2-100b

📖 村의 훈과 음을 읽어 보세요.

훈: 마을 음: 촌

村이 만들어진 유래를 알아보세요.

木 + 寸 → 村

나무 목   마디 촌

木(나무 목)과 寸(마디 촌)을 합해 만든 한자입니다. 나무가 많은 곳에 의지하며 촘촘히 집들이 모여 있음을 나타내어 마을, 시골을 뜻하는 한자입니다. 木은 뜻을 나타내고 寸은 음을 나타냅니다.

✍ 빈 칸에 알맞게 쓰세요.

村은 ☐(나무 목)과 ☐(마디 촌)을 합한 한자로

훈은 ☐ 이고, 음은 ☐ 입니다.

확인하기 木: 나무 목(A1-3)   寸: 마디 촌(E1-1)

🌙 村의 부수와 총획수를 알아보고 빈 칸에 알맞게 쓰세요.

村
마을 촌

부수 - 木   총획 - 7획

▶ 木은 '나무 목' 입니다.

· 村의 **훈**은 [　　] 이고, **음**은 [　　] 입니다.

· 村의 **부수**는 [　　] 이고, **총획**은 [　　] 입니다.

✏️ 村의 필순을 알아보고 알맞게 쓰세요.

🔎 材의 훈과 음을 읽어 보세요.

훈 : 재목   음 : 재

🔎 材가 만들어진 유래를 알아보세요.

나무 목   재주 재

木(나무 목)과 才(재주 재)를 합해 만든 한자입니다. 집을 지을 때의 바탕이 되는 나무, 즉 재목, 재주를 뜻합니다. 木은 뜻을 나타내고 才는 음을 나타냅니다.

🔎 빈 칸에 알맞게 쓰세요.

材는 ☐(나무 목) 과 ☐(재주 재)를 합한 한자로

훈은 ☐ 이고, 음은 ☐ 입니다.

확인하기 木 : 나무 목(A1-3)   才 : 재주 재(C1-1)

🌀 材의 부수와 총획수를 알아보고 빈 칸에 알맞게 쓰세요.

材
재목 재

부수 – 木   총획 – 7획

▶ 木은 '나무 목' 입니다.

· 材의 **훈**은 [　　] 이고, **음**은 [　　] 입니다.

· 材의 **부수**는 [　　] 이고, **총획**은 [　　] 입니다.

🌀 材의 필순을 알아보고 알맞게 쓰세요.

一 十 才 木 木 村 材

材　材　材　材

확인하기 • 材와 林(수풀 림), 村(마디 촌)은 모양이 비슷하므로 주의해야 합니다.

📖 校의 훈과 음을 읽어 보세요.

훈: 학교 음: 교

🔍 校가 만들어진 유래를 알아보세요.

나무 목   사귈 교

木(나무 목)과 交(사귈 교)를 합해 만든 한자입니다. 서로 엇갈려(交) 구부러진 나무(木)를 바로 잡는 것을 나타냈습니다. 처음엔 교정하다의 뜻으로 쓰이다 후에 교정하는 곳이 가르치는 곳이므로, 즉 학교라는 뜻으로 쓰이게 되었습니다.

✏️ 빈 칸에 알맞게 쓰세요.

校는 [　　　](나무 목)과 [　　　](사귈 교)를 합한 한자로

훈은 [　　] 이고, 음은 [　　] 입니다.

확인하기 木 : 나무 목(A1-3)   交 : 사귈 교(C1-2)   • 交는 '엇갈리다'라는 뜻도 있습니다.

🌙 校의 부수와 총획수를 알아보고 빈 칸에 알맞게 쓰세요.

校
학교 교

부수 - 木   총획 - 10획

▶ 木은 '나무 목' 입니다.

· 校의 **훈**은 [　　] 이고, **음**은 [　　] 입니다.

· 校의 **부수**는 [　　] 이고, **총획**은 [　　] 입니다.

🖊 校의 필순을 알아보고 알맞게 쓰세요.

一 十 十 木 木 杧 杧 校 校 校

校 校 校 校

[확인하기] · 校는 학교라는 뜻 이외에도 '바로잡다' 라는 뜻도 있습니다. 후에 '바로잡다' 를 뜻하는 한자로 矯(바로잡을 교)가 만들어졌습니다.

기탄한자 F2-103b

座右銘 좌우명

座 : 자리 **좌**　　**右** : 오른쪽 **우**　　**銘** : 새길 **명**

늘 가까이에 적어두고 일상의 경계로 삼는 말이나 글을 뜻합니다. 제나라 환공의 사당에 제사 때 쓰는 그릇들을 진열해 두었는데 그 중에 신기한 술독이 있었습니다. 그 술독은 텅 비어 있을 때는 기울어져 있다가도 술을 반쯤 담으면 바로 섰다가 가득 채우면 다시 엎어지는 술독이었습니다. 이를 보고 공자가 제자들에게 "환공께서 의자 오른쪽에 두고 자신을 경계했던 바로 그 술독이구나!" 라고 말한 데서 유래되어진 성어입니다.

보기 와 같이 빈 칸에 알맞게 쓰세요.

보기

山(산/뫼 산) + 林(수풀 림) → 山林(산림)

山林(산림)을 마구 파괴하여 농경지, 주택지 등으로 이용하거나 무분별한 개발로 우리 국토가 몸살을 앓고 있습니다.

1.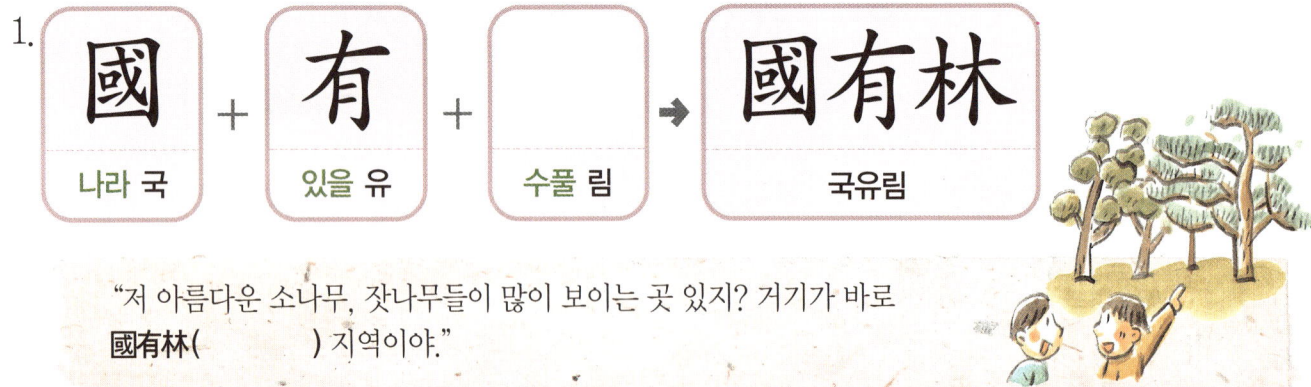

國(나라 국) + 有(있을 유) + □(수풀 림) → 國有林(국유림)

"저 아름다운 소나무, 잣나무들이 많이 보이는 곳 있지? 거기가 바로 **國有林**(　　　) 지역이야."

2.

竹(대나무 죽) + □(수풀 림) → 竹林(죽림)

"이 그림은 대나무 숲을 그린 **竹林**(　　　) 산수화입니다. 즐거운 감상되십시오."

확인하기 山 : 산/뫼 산(A1-1)　　國 : 나라 국(D4-13)　　有 : 있을 유(D1-3)　　竹 : 대나무 죽(B3-11)

林을 필순에 맞게 쓰세요.

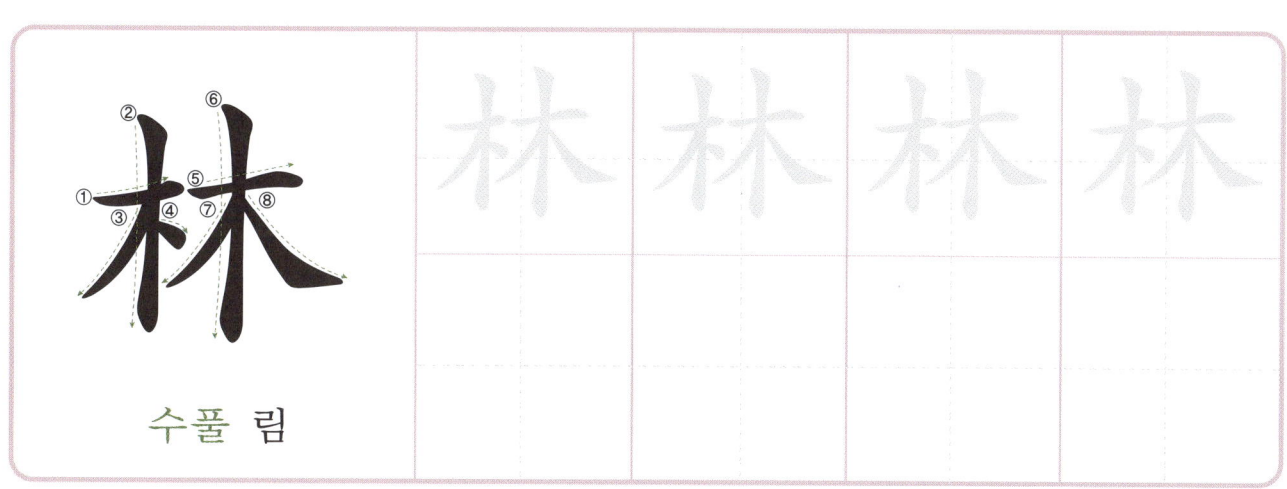

수풀 림

빈 칸에 林을 써 넣어 한자어를 만들고, 그 뜻을 읽어 보세요.

| 山 | | 山 | | 山 | |

山林(산림) : 산과 숲. 산에 있는 숲

| 國 | 有 | | | 國 | 有 | |

國有林(국유림) : 국가 소유의 산림

| 竹 | | 竹 | | 竹 | |

竹林(죽림) : 대나무 숲

보기 와 같이 빈 칸에 알맞게 쓰세요.

보기

山 (산/뫼 산) + 村 (마을 촌) → 山村 (산촌)

지역의 수려한 자연 경관, 도서·山村(산촌) 등의 지역적 특성을 살리는 데 역점을 두고 있다.

1. 漁 (고기잡을 어) + ☐ (마을 촌) → 漁村 (어촌)

이번에 우리 漁村(   )에서 새로 개발한 홍게살이라네.

2. 民 (백성 민) + 俗 (풍속 속) + ☐ (마을 촌) → 民俗村 (민속촌)

民俗村(   )은 조상의 얼이 담긴 민속 문화 자료를 수집하고 보전하는 야외 박물관이다.

확인하기 山 : 산/뫼 산(A1-1)   漁 : 고기잡을 어(F1-3)   民 : 백성 민(E2-6)   俗 : 풍속 속(F2-5)

🌱 村을 필순에 맞게 쓰세요.

마을 촌

📖 빈 칸에 村을 써 넣어 한자어를 만들고, 그 뜻을 읽어 보세요.

 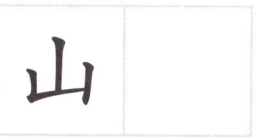 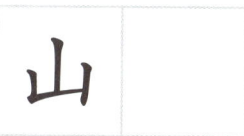 

山村(산촌) : 산 속에 자리한 마을

漁村(어촌) : 어민이 모여 사는 바닷가에 있는 마을

  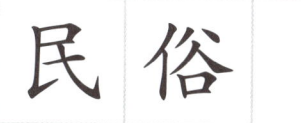

民俗村(민속촌) : 옛 민속을 보존함으로써 전통미를 간직하고 있는 마을

술술술 漢字동화

동화를 읽고 보기 에서 알맞은 한자나 음을 찾아 쓰세요.

바보 영웅 이야기 1

아프리카 어느 **산촌** □□ 에 바보들이 모여 살고 있었습니다. 어느 날 남자 열두 명이 읍내로 곡식을 찧으러 갔습니다. 잔치에 쓸 떡을 만들 재료가 필요했기 때문이지요.

볼일을 마친 그들이 **수풀** □ 을 지날 때 갑자기 한 사람에게 어떤 생각이 떠올랐습니다. 같이 길을 떠난 열두 명이 다 있나 세어 보고 싶어졌던 거지요. 그러나 그 어리석은 사람은 자기를 빼고 세었습니다. 아무리 세어 봐도 열한 명 밖에 보이지 않자 그 사람은 호들갑을 떨었습니다.

보기 林   校   山村   巨大   인재

"큰일났어! 한 명이 모자라!"

그러자 다들 세기 시작했습니다. 물론 자기 자신은 빼고 말이죠.

"길을 잃었나 봐." "아니, 표범에게 잡아 먹혔을 거야."

"아마도 몸집이 **거대**☐☐하고 이빨이 날카로운 표범이었겠지."

"그 친구는 용감하게 맨주먹으로 싸웠을 거야."

"아깝군, 정말 대단한 **人材**☐☐였는데……."

그들은 마을에 도착할 때까지 슬피 울며 걸었습니다. 마을 **학교**☐ 앞에 다다르자 마을 사람들이 잔치 준비를 하고 있었습니다.

- 계속 -

材로 漢字語 만들기

보기 와 같이 빈 칸에 알맞게 쓰세요.

숲은 인간에게 **木材(목재)**와 임산물, 그리고 관광 자원을 제공해 주고, 댐의 역할을 하기도 한다.

1.

건물을 지을 때는 여러 가지 재료가 필요하지만 그 중에서 가장 중요한 것은 목재와 **石材(　　　)**이다.

2.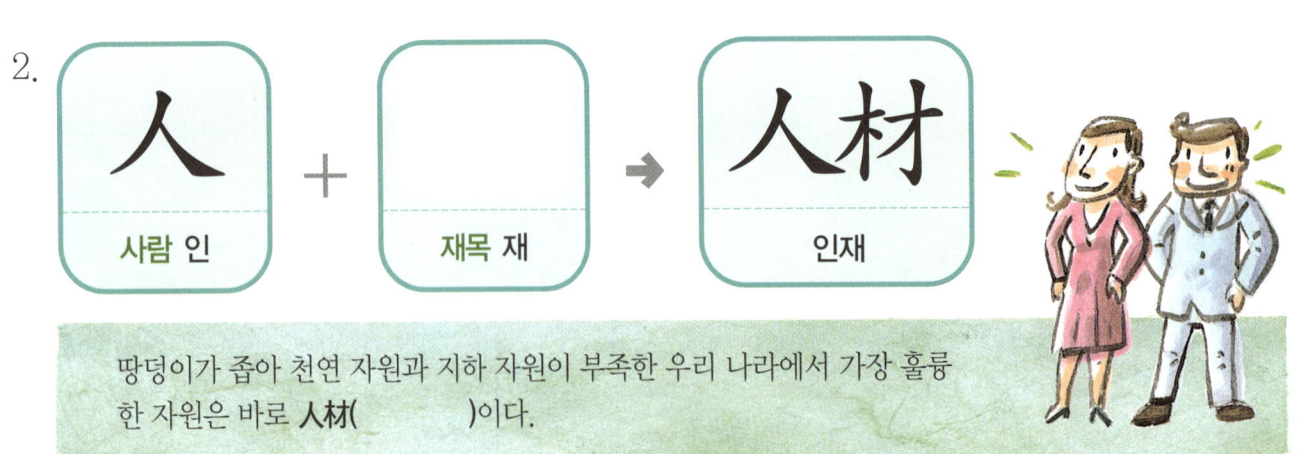

땅덩이가 좁아 천연 자원과 지하 자원이 부족한 우리 나라에서 가장 훌륭한 자원은 바로 **人材(　　　)**이다.

확인하기　木 : 나무 목(A1-3)　　石 : 돌 석(A4-13)　　人 : 사람 인(A3-11)

🖊 材를 필순에 맞게 쓰세요.

재목 재

📖 빈 칸에 材를 써 넣어 한자어를 만들고, 그 뜻을 읽어 보세요.

木材(목재) : 나무로 된 재료

石材(석재) : 토목, 건축 및 비석 조각 따위의 재료로 쓰는 돌

人材(인재) : 학식과 능력이 뛰어난 사람

校로 漢字語 만들기

보기 와 같이 빈 칸에 알맞게 쓰세요.

보기

下 + 校 → 下校
아래 하 / 학교 교 / 하교

下校(하교) 하자마자 학원으로 향했다. 학원에 도착하니 이미 많은 아이들이 와 있었다.

1. ☐ + 長 → 校長
   학교 교 / 길/어른 장 / 교장

   校長(　　　) 선생님께서는 경희네 반이 자랑스럽다며, 모두 경희네 반을 본받아서 질서를 잘 지키는 학생이 되자고 말씀하셨습니다.

2. ☐ + 門 → 校門
   학교 교 / 문 문 / 교문

   오늘도 늦잠을 자다 지각을 하였다. 젖 먹던 힘까지 동원해 전속력으로 뛰어갔지만 校門(　　　)은 이미 굳게 닫혀 있었다.

확인하기 下 : 아래 하(A4-15)   長 : 길/어른 장(D3-11)   門 : 문 문(B2-6)

🈯 校를 필순에 맞게 쓰세요.

학교 교

📖 빈 칸에 校를 써 넣어 한자어를 만들고, 그 뜻을 읽어 보세요.

 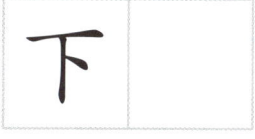 

下校(하교) : 학교에서 공부를 마치고 돌아옴

校長(교장) : 학교의 교육 및 사무에 대하여 관리 감독하고, 대외적으로는 학교를 대표하는 사람

 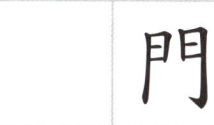 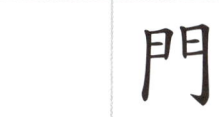

校門(교문) : 학교의 정문

옛날 이야기로 배우는 漢字

🌙 전래동화를 읽고 물음에 답하세요.

반쪽이

옛날 어느 ㉠산촌에 한 부부가 살았는데, 늙도록 아이가 없었습니다. 그런데 어느 날, 꿈에 머리가 허연 노인이 나타나서는 뒤뜰 우물에 있는 잉어 세 마리를 고아 먹으면 아들을 낳을 수 있다고 하였습니다. 부부가 우물에 가 보니 놀랍게도 커다란 잉어 세 마리가 있었답니다. 그런데 어디선가 갑자기 고양이 한 마리가 쪼르르 달려오더니 잉어 한 마리를 확 채서 도망을 갔어요. 부부가 고양이를 따라가서 잉어를 빼앗았지만, 벌써 절반이 먹힌 뒤였습니다. 할 수 없이 멀쩡한 두 마리와 반쪽짜리 잉어를 고아 먹었지요.

그리고 얼마 뒤에 부부는 진짜로 아들 세 쌍둥이를 낳았습니다. 하지만 이런 기가 막힐 일이 또 있을까요? 두 아이는 멀쩡했지만, 한 아이는 반쪽이었습니다. 눈도 하나고 귀도 하나, 팔도 다리도 하나씩만 있는 아이였어요.

그런데 그 반쪽이는 점점 자라면서 멀쩡한 형들보다 힘이 더 세어졌습니다. 형들은 어느새 반쪽이를 미워하기 시작했지요. 하루는 형들과 과거 시험을 보러 길을 가던 중 형들은 갑자기 반쪽이를 고목에다 꽁꽁 묶어 놓고 가버렸습니다. 하지만 반쪽이가 '끙!' 하고 한 번 용을 쓰니까 나무가 몸에 묶인 채로 뿌리째 덜렁 뽑혀버렸어요. 나무를 등에 짊어지고 집으로 온 반쪽이를 본 어머니는
"그 큰 나무는 뭣에 쓰려고 가지고 왔니?" 하고 물었어요.
"내 장가갈 때 만들 장롱 ㉡목재로 쓰려고 가져왔지요."

반쪽이는 나무를 마당에 내려놓고는 얼른 형들의 뒤를 쫓아갔어요. 그러자 형들은 이번에는 반쪽이를 꽁꽁 묶어 호랑이 굴 속에 던져놓고 도망갔지요. 반쪽이는 순식간에 호랑이를 잡아 가죽을 벗겨서 나왔습니다. 집으로 돌아가는 길에 반쪽이는 주막에 들렀는데 주막 주인이 호랑이 가죽을 보고는 탐이 나서 반쪽이에게 이런 제안을 했지요.
"내기 장기를 둬서 내가 이기면 호랑이 가죽을 갖고, 당신이 이기면 내 딸을 데려가시오."
그런데 반쪽이는 머리도 좋았기 때문에 쉽게 장기에서 이겨버렸어요. 반쪽이는 주막집 딸을 집으로 데려와 검은 머리 파뿌리 되도록 행복하게 살았답니다.

1. ㉠을 한자로 바꾸어 쓰세요.

2. ㉡을 한자로 바꾸어 쓰세요.

이번 주에 배운 한자어를 넣어, 그림의 상황에 어울리게 짧은 글을 지어 보세요.

木材　石材

山村　漁村

1. 서로 관련 있는 것끼리 선으로 이으세요.

材 · · 학교 · · 림

村 · · 수풀 · · 촌

林 · · 마을 · · 재

校 · · 재목 · · 교

2. 다음 빈 칸에 공통적으로 들어갈 한자를 보기 에서 찾아 쓰세요.

보기   林   村   材   校

어 □   산 □   민속 □   ········ □

석 □   목 □   인 □   ········ □

산 □   국유 □   죽 □   ········ □

하 □   □ 장   □ 문   ········ □

3. 다음 밑줄 친 낱말의 뜻에 알맞은 한자를 쓰세요.

   • **숲**(　　) 을 보호하기 위해서는 종이를 아껴 쓰고 재활용해야 한다.
   • 어렸을 때는 **학교**(　　) 운동장이 정말 커 보였었는데…….
   • 좋은 **재목**(　　) 으로 자라 주어 정말 감사하구나!
   • 우리 **마을**(　　) 입구에는 커다란 느티나무가 있다.

4. 서로 관련 있는 것끼리 선으로 이으세요.

   林　　　村　　　校　　　材

   木 - 총7획　　木 - 총10획　　木 - 총8획　　木 - 총7획

5. 다음 빈 칸에 알맞은 한자어를 보기 에서 찾아 쓰세요.

   보기: 山林　　人材　　漁村　　校門

   • 요즘 사회에서는 [인][재] 를 발굴하고, 육성하는 것을 중요하게 여긴다.
   • 우리 모두 [산][림] 을 보호합시다.
   • 우리 아빠는 퇴직 후 [어][촌] 에서 살 계획을 세우고 있다.
   • 우리 학교 [교][문] 은 옛날 건물처럼 한옥으로 지어져 '춘향문' 이라 불린다.

차례는 차례대로?

"할머니, 오늘 차례 지낼 때 돌아가신 할아버지께서 오시는 건가요?"
"그럼. 오셔서 음식도 드시고 식구들을 돌아보시고는 다시 하늘로 가시지."
할아버지는 돌이가 태어나기 훨씬 전에 돌아가셨습니다. 그래서 돌이는 할아버지의 얼굴을 몰랐습니다. 그런데 할아버지가 오늘 차례 지낼 때 오신다니 이번에는 꼭 할아버지를 볼 참이랍니다.

"할머니, 그럼 내가 할아버지를 만날 차례는 언제쯤이에요? 내가 제일 어리니까 아마 제일 늦게 할아버지를 만날 수 있겠죠?"
"그게 무슨 소리니? 함께 차례를 지내는 건데."
"아이 참. 차례(茶禮)는 차례(次例)대로 지내는 거 아니에요?"
그제서야 할머니는 돌이의 말을 이해하고 웃으셨습니다. 돌이는 '차례'를 순서를 지키는 '차례'로 생각한 것이었습니다.

하지만 여기에서 말하는 차례(茶禮)는 순서를 말하는 차례(次例)가 아닙니다.
옛날에 고려 시대 사람들은 차를 즐겨 마셨습니다.
그래서 제사를 지낼 때에도 차를 끓여 올렸습니다.
그 바람에 '차례 지내다'라는 말이 생겨났습니다.
그 후 조선 시대에는 차를 끓여 제사지내는 것이 사치스럽다고 해서 차례가 금지되었습니다. 그래도 차례는 그 이름만은 남아, '제사 지낸다'는 뜻으로 쓰이고 있습니다.

확인하기 茶 : 차 차/다   禮 : 예도 례   次 : 버금/다음 차   例 : 법식/보기 례

형성평가

F단계 7호

날짜: 월 일 점수:

다음 물음에 답하세요.

1. 다음 한자와 음이 바르게 연결되지 않은 것을 고르세요.

   ① 校 - 요   ② 林 - 림   ③ 村 - 촌   ④ 材 - 재

2. 다음 한자와 훈이 바르게 연결되지 않은 것을 고르세요.

   ① 材 - 재목   ② 校 - 학교   ③ 林 - 편안   ④ 村 - 마을

3. 다음 빈 칸에 알맞은 한자와 훈음을 쓰세요.

    木 + 交 → ☐ ☐

4. 다음 설명에 알맞은 한자를 쓰세요.

   木(나무 목)과 才(재주 재)를 합해 만든 한자입니다. 집을 지을 때의 바탕이 되는 나무, 즉 재목, 재주를 뜻하는 한자입니다.

다음 한자어의 음을 쓰세요.

5.  山林 ☐☐

6.  人材 ☐☐

7.  下校 ☐☐

8.  民俗村 ☐☐☐

다음 보기 에서 알맞은 한자어를 찾아 쓰세요.

보기: 國有林   民俗村   石材   木材

9. 국가 소유의 산림 .... ☐☐☐

10. 토목, 건축 및 비석 조각 따위의 재료로 쓰는 돌 ☐☐

왼쪽의 한자어가 되도록 바르게 연결하세요.

11. 산림 · · 木 · 校
12. 목재 · · 山 · 長
13. 교장 · · 下 · 林
14. 하교 · · 校 · 材

다음 빈 칸에 알맞은 한자어를 고르세요.

15. 학생들이 수업을 마치고 ☐ 을 나서고 있다.
　① 竹林　　② 校門　　③ 校長　　④ 國有林

16. 이 고장은 ☐ 가 많이 배출되는 곳으로 유명하다.
　① 山村　　② 人材　　③ 民俗村　　④ 下校

다음 보기 에서 알맞은 한자어를 찾아 쓰세요.

보기: 校長　　木材　　漁村　　竹林

17. 교 장 ☐☐
18. 어 촌 ☐☐
19. 죽 림 ☐☐
20. 목 재 ☐☐

정답 수	평가 결과 및 향후 진도
16~20문항	잘했어요. F2집 8호로 진행하세요.
11~15문항	부족해요. 틀린 문제의 한자를 다시 학습한 후 F2집 8호로 진행하세요.
10문항 이하	많이 부족해요. 이번 호를 복습한 후 다음 호로 진행하세요.

 林 수풀 림

 村 마을 촌

 材 재목 재

 校 학교 교

林 村 材 校
수풀 림 마을 촌 재목 재 학교 교

林村材校

F단계 7호 해답

97a	1. 수, 집, 손님, 정할
	2. 정할 정, 집 실, 지킬 수, 손님 객
97b	3. 客室, 守則, 一定, 室內
	4. 안정, 수병, 객지, 거실
98a	산림, 국유림
98b	산촌, 어촌
99a	목재, 석재
99b	하교, 교장
100a	木, 木, 수풀, 림
100b	수풀, 림, 木, 8획
101a	木, 寸, 마을, 촌
101b	마을, 촌, 木, 7획
102a	木, 才, 재목, 재
102b	재목, 재, 木, 7획
103a	木, 交, 학교, 교
103b	학교, 교, 木, 10획
105a	1. 林, 국유림 2. 林, 죽림
105b	林, 林, 林
106a	1. 村, 어촌 2. 村, 민속촌
106b	村, 村, 村
107a	山村, 林
107b	巨大, 인재, 校
108a	1. 材, 석재 2. 材, 인재
108b	材, 材, 材
109a	1. 校, 교장 2. 校, 교문
109b	校, 校, 校
110a	1. 山村 2. 木材

111a 1.

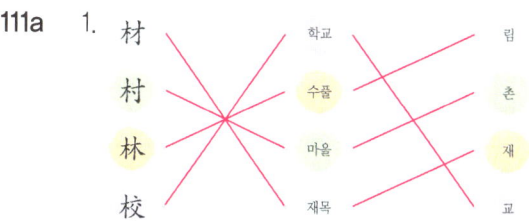

2. 村, 材, 林, 校

111b 3. 林, 校, 材, 村

4. 林 村 校 材
木-총7획 木-총10획 木-총8획 木-총7획

5. 人材, 山林, 漁村, 校門

형성평가

1. ①
2. ③
3. 校, 학교 교
4. 材
5. 산림
6. 인재
7. 하교
8. 민속촌
9. 國有林
10. 石材

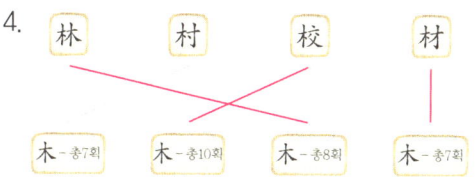

15. ②
16. ②
17. 校長
18. 漁村
19. 竹林
20. 木材

펴낸이 : 정지향
펴낸곳 : (주)기탄교육
기획·편집·디자인 : 기탄교육연구소
주소 : 06698 서울특별시 서초구 효령로 42 기탄출판문화센터
등록 : 제22-1740호
전화 : (02)586-1007
팩스 : (02)586-2337

※서점에 갈 시간이 없거나 구하기 어려운 분은 인터넷 또는 전화로 신청하세요. 즉시 우송해 드립니다.
● www.gitan.co.kr

ⓒ 2005 (주)기탄교육 All rights reserved.
저작권자의 동의 없이 본 교재를 무단으로 복제하거나 전재하는 것을 금합니다.

F 단계에서 배운 한자들

林 수풀 림	村 마을 촌	材 재목 재	校 학교 교

守 지킬 수	室 집 실	客 손님 객	定 정할 정
海 바다 해	洋 큰바다 양	漁 고기잡을 어	洗 씻을 세
仁 어질 인	仙 신선 선	信 믿을 신	休 쉴 휴

他 다를 타	位 자리 위	俗 풍속 속	保 지킬 보
安 편안 안	宅 집 택	官 벼슬 관	容 얼굴 용

받아쓰기

♥ 엄마가 한자나 한자어를 부르고 아이가 받아쓰도록 합니다.

8호

기탄교과서한자 F단계 2집 113a~128a

F2집
65a-128a

113a-128a

초등 교과서 한자어를 총체 분석한 어휘력 향상 한자 학습 프로그램

기탄 한자
교과서

공부한 날   월   일 ~   월   일
_____
            교   반
이름   전화
_____
www.gitan.co.kr

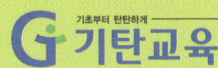

F단계 학습 한자 일람

	F단계							
1집	仁, 仙, 信, 休	2집	他, 位, 俗, 保	3집	決, 洞, 注, 流	4집	計, 記, 語, 詩
	安, 宅, 官, 容		守, 室, 客, 定		便, 作, 使, 代		情, 性, 進, 造
	海, 洋, 漁, 洗		林, 村, 材, 校		念, 志, 感, 想		始, 好, 雲, 雪
	복습		복습		복습		복습

학습 진단 관리표

	한자		한자어		이번 주는			
	읽기	쓰기	읽기	쓰기				
금주평가	Ⓐ 아주 잘함	Ⓐ 아주 잘함	Ⓐ 아주 잘함	Ⓐ 아주 잘함	● 학습방법	❶ 매일매일	❷ 가끔	❸ 한꺼번에 하였습니다.
	Ⓑ 잘함	Ⓑ 잘함	Ⓑ 잘함	Ⓑ 잘함	● 학습태도	❶ 스스로 잘	❷ 시켜서 억지로 하였습니다.	
	Ⓒ 보통	Ⓒ 보통	Ⓒ 보통	Ⓒ 보통	● 학습흥미	❶ 재미있게	❷ 싫증내며 하였습니다.	
	Ⓓ 노력해야 함	Ⓓ 노력해야 함	Ⓓ 노력해야 함	Ⓓ 노력해야 함	● 교재내용	❶ 적합하다고	❷ 어렵다고	❸ 쉽다고 하였습니다.
	지도 교사가 부모님께				부모님이 지도 교사께			

종합평가	Ⓐ 아주 잘함	Ⓑ 잘함	Ⓒ 보통	Ⓓ 노력해야 함

 **1** 일차
113a~116b
- '복습해요'를 통해 F2집에서 익힌 12자의 훈, 음, 형을 복습합니다.
- F2집에서 익힌 12자의 부수, 총획수, 자원, 훈음을 한 번 더 복습합니다.
- 각 호마다 지닌 한자의 공통점을 복습하여 한자의 생성 원리를 깨닫도록 합니다.

 **2** 일차
117a~120b
- 만화로 고사성어 矛盾의 뜻과 쓰임을 알아보고 적절한 때 사용할 수 있습니다.
- 決은 아직 배우지 않은 한자이므로 훈음 읽기 위주로 익힙니다.

 **3** 일차
121a~124b
- 동화 '바보 영웅 이야기'를 읽고 지금까지 배운 한자를 동화 속에 활용해 익힙니다.
- F2집에서 익힌 12자로 만들어지는 한자어를 복습합니다.

 **4** 일차
125a~126a
- F2집에서 익힌 한자어를 재미 있는 퍼즐 형식에 담아 풀어 봅니다.
- 전래동화 '고양이와 푸른 구슬'을 읽고 문장 속에서 한자, 한자어를 풀이합니다.

 **5** 일차
126b~128a
- 풀어보기를 통해 F2집에서 익힌 12자의 훈음형을 복습합니다.
- 읽을거리 '귤과 탱자'를 읽고 귤화위지의 뜻을 알고 형성평가를 풀이하여 학습 성취도를 점검합니다.

빈 칸에 알맞은 훈음을 쓰세요.

1.

2.

3. 풍속 속

4.

5.

6.

7.

8. 정할 정

9.

10.

11.

12. 학교 교

📌 빈 칸에 알맞은 훈음을 쓰고 필순에 맞게 한자를 쓰세요.

1.
훈: 음:

2.
훈: 음:
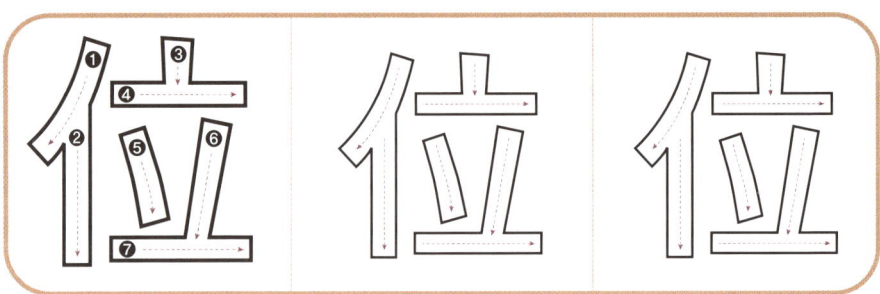

3.
훈: 음:

4.
훈: 음:

확인하기 • 亻은 人(사람 인)이 부수로 쓰여 한자의 왼쪽에 놓이면 '사람 인변'이라 읽습니다.

빈 칸에 알맞게 쓰세요.

1.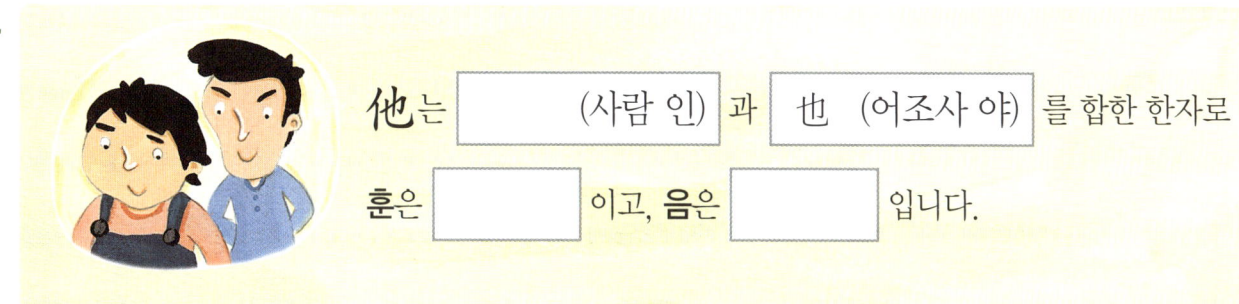
他는 ☐ (사람 인)과 也 (어조사 야)를 합한 한자로
훈은 ☐ 이고, 음은 ☐ 입니다.

2.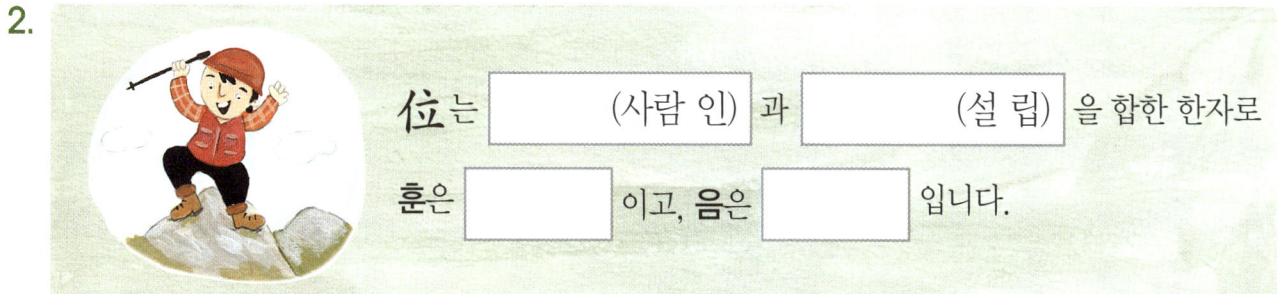
位는 ☐ (사람 인)과 ☐ (설 립)을 합한 한자로
훈은 ☐ 이고, 음은 ☐ 입니다.

3.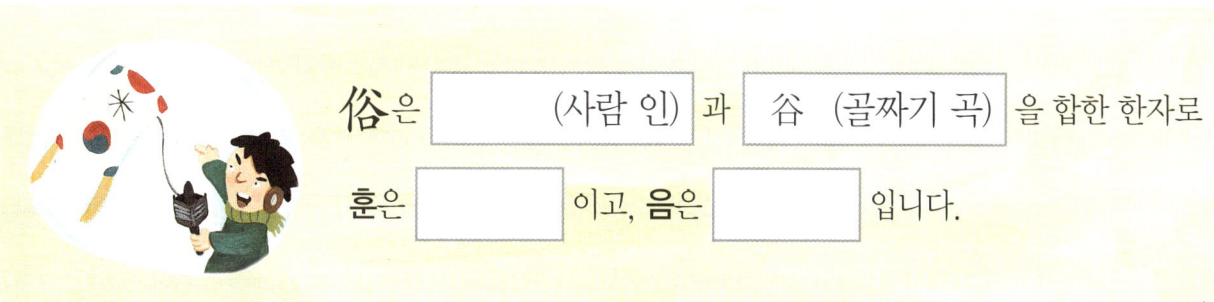
俗은 ☐ (사람 인)과 谷 (골짜기 곡)을 합한 한자로
훈은 ☐ 이고, 음은 ☐ 입니다.

4.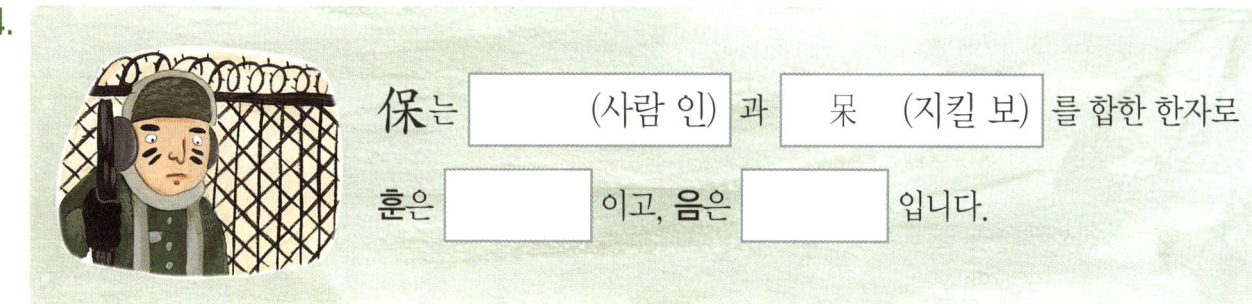
保는 ☐ (사람 인)과 못 (지킬 보)를 합한 한자로
훈은 ☐ 이고, 음은 ☐ 입니다.

확인하기 也 : 어조사 야   立 : 설 립(C2-6)   谷 : 골짜기 곡   못 : 지킬 보

빈 칸에 알맞은 훈음을 쓰고 필순에 맞게 한자를 쓰세요.

1.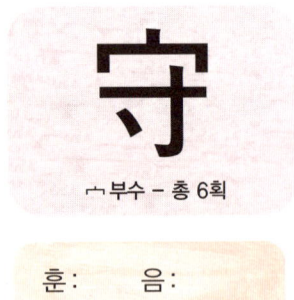
守
宀부수 – 총 6획
훈: 음:

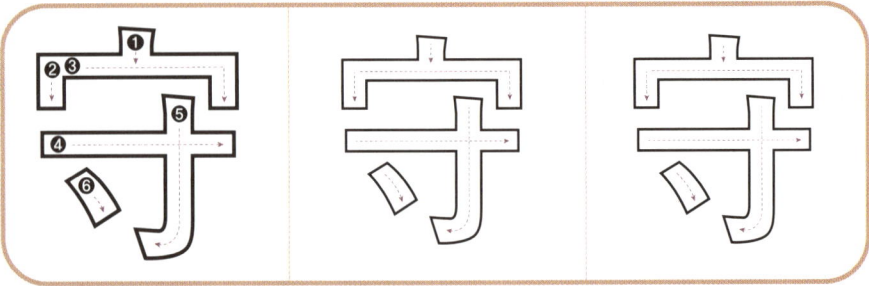

2.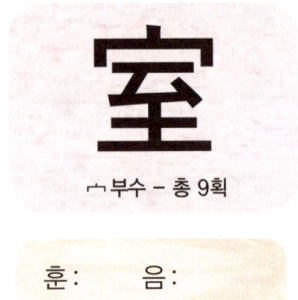
室
宀부수 – 총 9획
훈: 음:

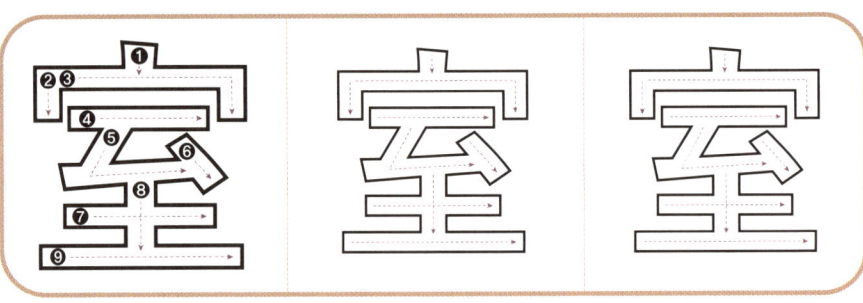

3.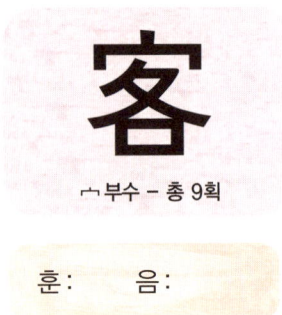
客
宀부수 – 총 9획
훈: 음:

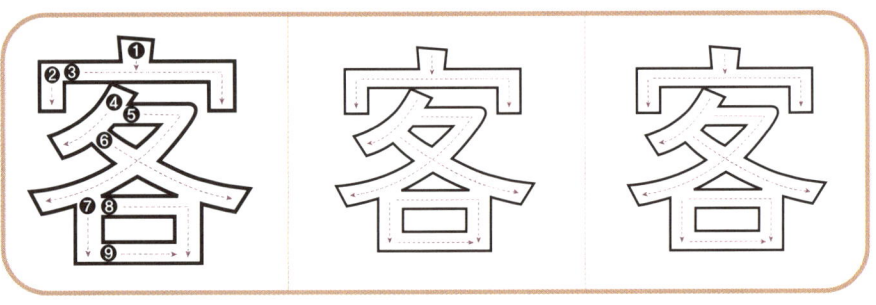

4.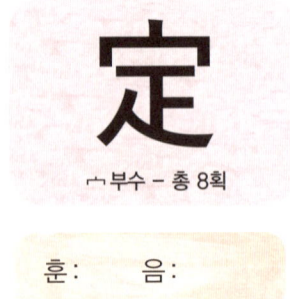
定
宀부수 – 총 8획
훈: 음:

• 宀(집 면)이 부수로 쓰여 한자의 위쪽에 놓였으므로 '갓머리'라 읽습니다.

빈 칸에 알맞게 쓰세요.

1.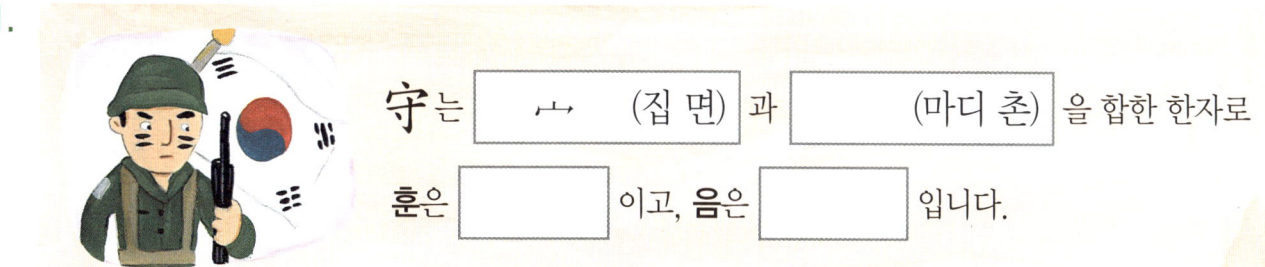

守는 ⼧ (집 면) 과 寸 (마디 촌) 을 합한 한자로
훈은 ☐ 이고, 음은 ☐ 입니다.

2.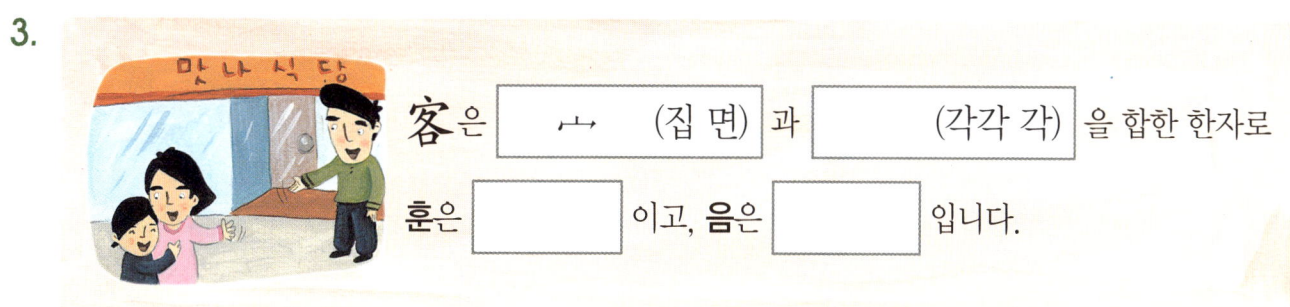

室은 ⼧ (집 면) 과 至 (이를 지) 를 합한 한자로
훈은 ☐ 이고, 음은 ☐ 입니다.

3.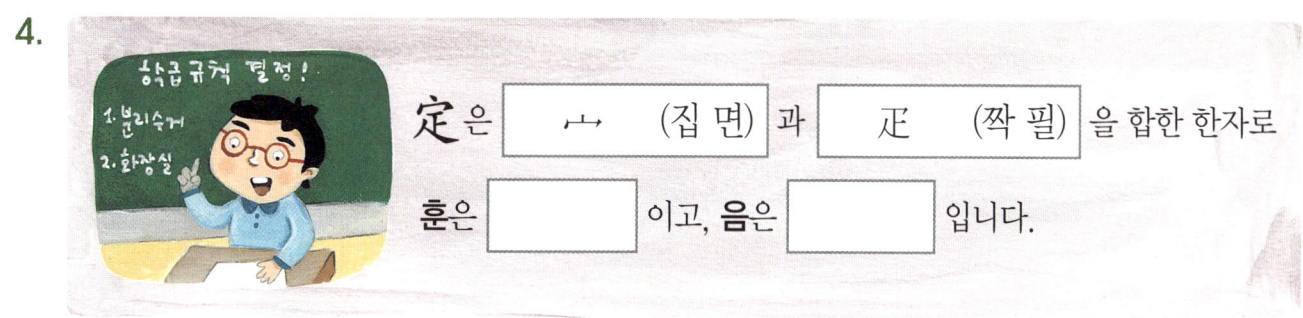

客은 ⼧ (집 면) 과 各 (각각 각) 을 합한 한자로
훈은 ☐ 이고, 음은 ☐ 입니다.

4.

定은 ⼧ (집 면) 과 疋 (짝 필) 을 합한 한자로
훈은 ☐ 이고, 음은 ☐ 입니다.

확인하기 寸 : 마디 촌(E1-1) 至 : 이를 지 各 : 각각 각(E1-2) 疋 : 짝/필 필

🔸 빈 칸에 알맞은 훈음을 쓰고 필순에 맞게 한자를 쓰세요.

1.
   木부수 - 총 8획
   훈:　　음:
   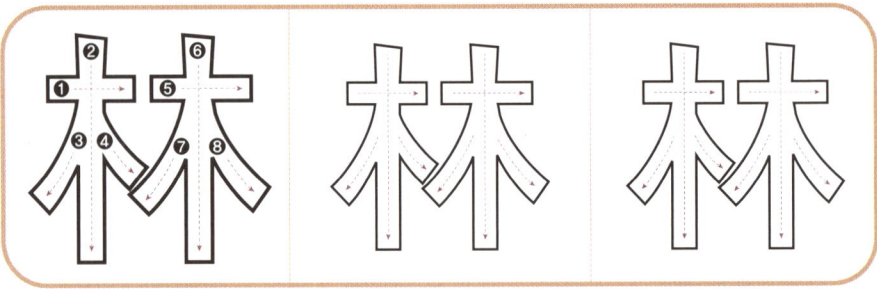

2.
   木부수 - 총 7획
   훈:　　음:
   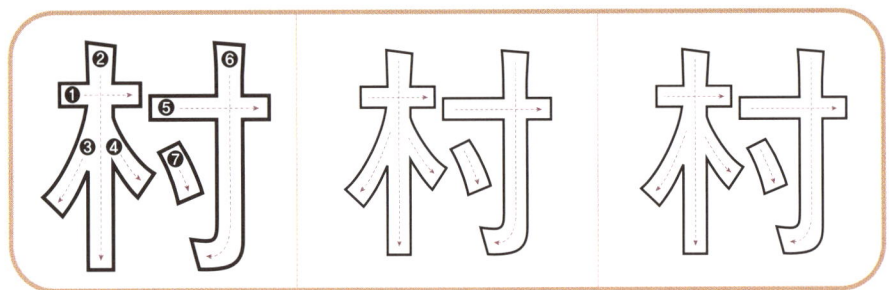

3.
   木부수 - 총 7획
   훈:　　음:
   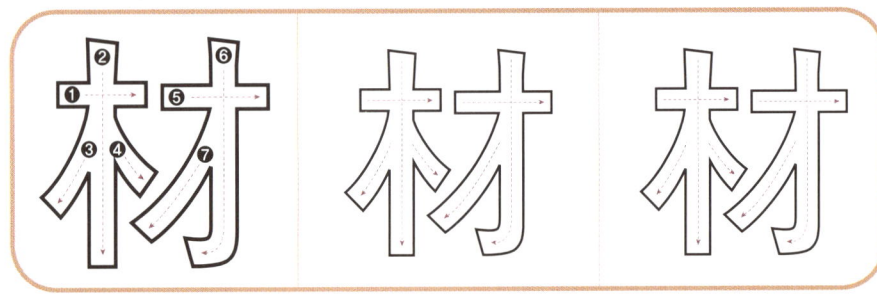

4.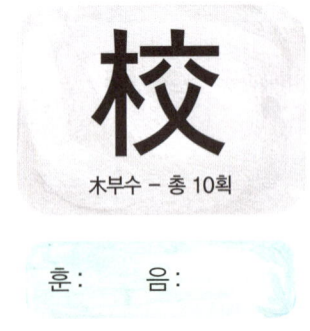
   木부수 - 총 10획
   훈:　　음:
   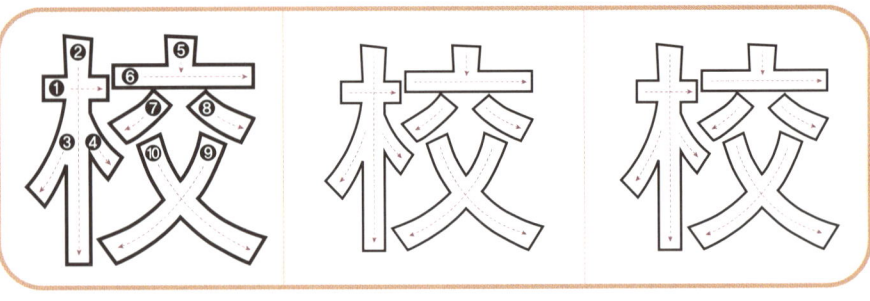

확인하기 • 木(나무 목)이 부수로 쓰이면 나무와 관련된 뜻을 지닙니다.

🔖 빈 칸에 알맞게 쓰세요.

1.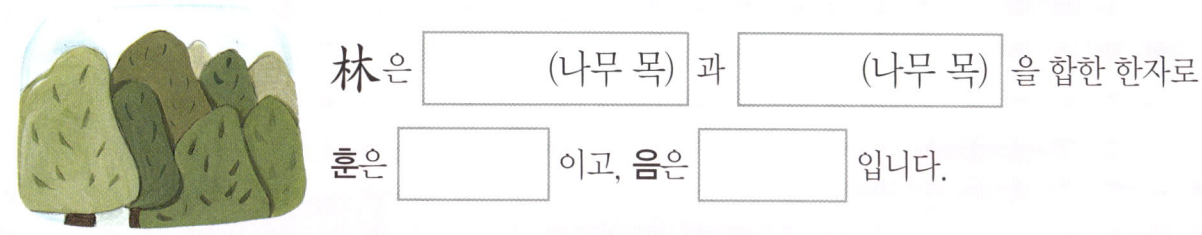

   林은 ☐(나무 목)과 ☐(나무 목)을 합한 한자로 훈은 ☐이고, 음은 ☐입니다.

2.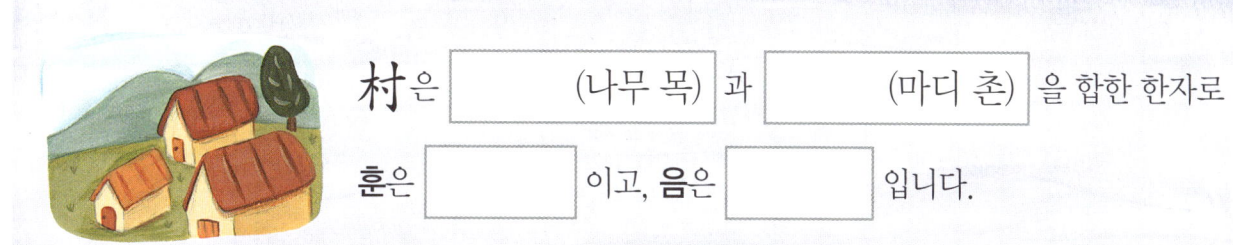

   村은 ☐(나무 목)과 ☐(마디 촌)을 합한 한자로 훈은 ☐이고, 음은 ☐입니다.

3.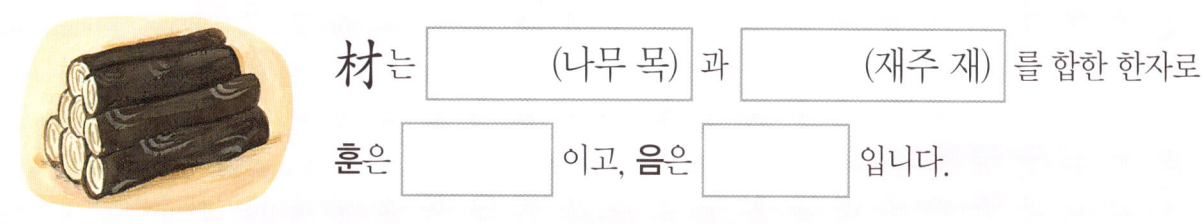

   材는 ☐(나무 목)과 ☐(재주 재)를 합한 한자로 훈은 ☐이고, 음은 ☐입니다.

4.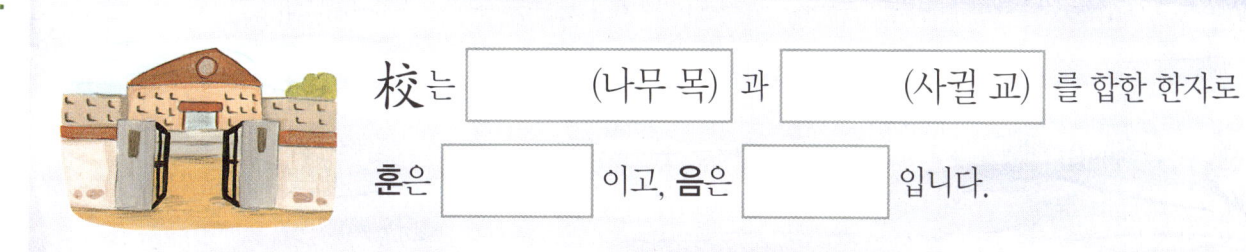

   校는 ☐(나무 목)과 ☐(사귈 교)를 합한 한자로 훈은 ☐이고, 음은 ☐입니다.

확인하기 寸 : 마디 촌(E1-1)   才 : 재주 재(C1-1)   交 : 사귈 교(C1-2)

矛 : 창 **모**   **盾** : 방패 **순**

말이나 행동의 앞뒤가 서로 맞지 않음. 중국 전국시대의 초(楚)나라에서, 창과 방패를 파는 상인이 '이 창의 예리함은 어떤 방패라도 꿰뚫을 수가 있다. 그리고 이 방패의 견고함은 어떤 창이나 칼로도 꿰뚫지 못한다'고 자랑하였다. 어떤 사람이 '자네의 창으로써 자네의 방패를 찌르면 어떻게 되는가?' 하고 물었더니 상인은 대답하지 못하였다는 고사에서 유래되었습니다.

漢字語 다지기
他 位 俗 保

🌙 그림과 한자어를 연결하고 빈 칸에 음을 쓰세요.

1.    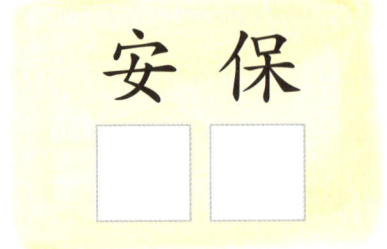 安保

2.    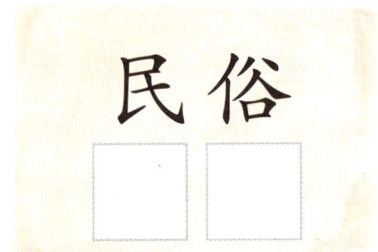 民俗

3.     方位

4.    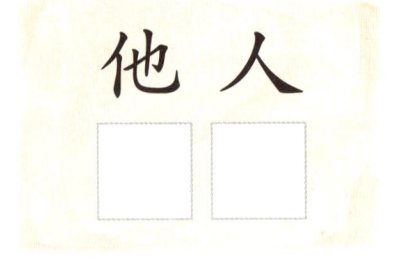 他人

확인하기 安 : 편안 안(F1-2)   民 : 백성 민(E2-6)   方 : 모/방위 방(C4-14)   人 : 사람 인(A3-11)

빈 칸에 알맞게 쓰세요.

1. 他

他地(　　) : 다른 지방. 딴 곳

(자타) : 자기와 남

2. 位

品位(　　) : 사람이나 물건이 지닌 좋은 인상

方位(　　) : 동서남북을 기준으로 하여 정한 방향

3. 俗

民俗(　　) : 민간의 풍속

世俗(　　) : 이 세상

4. 保

(보전) : 온전하게 잘 지키거나 지님

保有(　　) : 가지고 있음

地 : 땅 지(C3-9)　　自 : 스스로 자(B2-6)　　品 : 물건 품(E1-1)　　世 : 세상/인간 세(D4-13)　　全 : 온전 전(D3-10)　　有 : 있을 유(D1-3)

🔸 그림과 한자어를 연결하고 빈 칸에 음을 쓰세요.

1.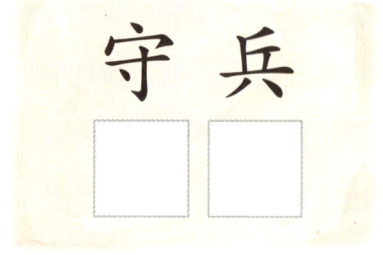

2.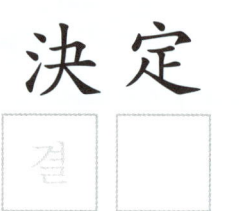

3.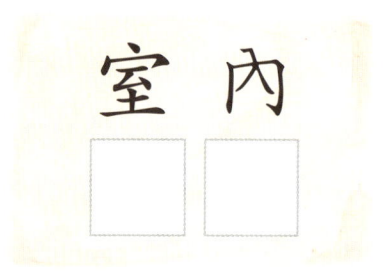

4.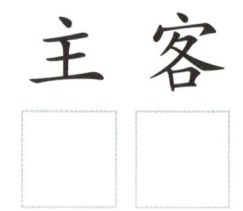

확인하기 兵 : 병사 병(C4-13)   決 : 결단할 결(F3-9)   內 : 안 내(C2-5)   主 : 주인 주(B3-10)

빈 칸에 알맞게 쓰세요.

1. 守
   - 守兵(　　): 수비하는 병사
   - 保守(　　): 오랜 습관·제도·방법 등을 소중히 여겨 그대로 지킴

2. 室
   - 王室(　　): 왕의 집안
   - 居室(　　): 거처하는 방. 서양식 집에서 가족이 모여 생활하는 공간

3. 客
   - 客室(　　): 손을 접대하거나 거처하게 하려고 마련한 방
   - 客地(　　): 자기가 살던 고장을 떠나 임시로 머무르는 곳

4. 定
   - 安定(　　): 흔들림이 없이 안전하게 자리 잡음
   - 　　(일정): 정해져 있어 바뀌거나 달라지지 않고 한결같음

保: 지킬 보(F2-5)　王: 임금 왕(B2-7)　居: 살 거(E4-15)　地: 땅 지(C3-9)　安: 편안 안(F1-2)　一: 하나 일(A2-5)

漢字語 다지기
林 村 材 校

🌀 그림과 한자어를 연결하고 빈 칸에 음을 쓰세요.

1.    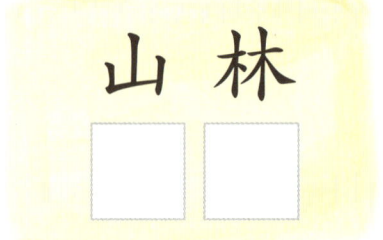 山林

2.     漁村

3.    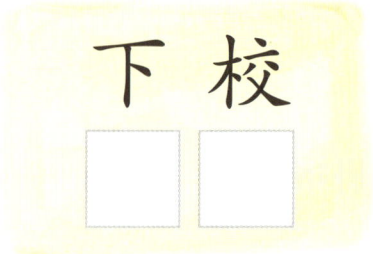 下校

4.     人材

확인하기 山 : 산/뫼 산(A1-1)   漁 : 고기잡을 어(F1-3)   下 : 아래 하(A4-15)   人 : 사람 인(A3-11)

빈 칸에 알맞게 쓰세요.

1. 林

國有林 (　　　) : 국가 소유의 산림

　　(죽림) : 대나무 숲

2. 村

山村 (　　) : 산 속에 자리한 마을

漁村 (　　) : 어민이 모여 사는 바닷가에 있는 마을

3. 材

　　(목재) : 나무로 된 재료

　　(석재) : 토목, 건축 및 비석 조각 따위의 재료로 쓰는 돌

4. 校

　　(교문) : 학교의 정문

下校 (　　) : 학교에서 공부를 마치고 돌아옴

國 : 나라 국(D4-13)　　有 : 있을 유(D1-3)　　竹 : 대나무 죽(B3-11)　　木 : 나무 목(A1-3)　　石 : 돌 석(A4-13)　　門 : 문 문(B2-6)

술술술 漢字 동화

동화를 읽고 보기 에서 알맞은 한자나 음을 찾아 쓰세요.

바보 영웅 이야기 2

그 사람들이 울며 돌아오자 마을 사람들은 깜짝 놀라 달려왔습니다.

"정말 끔찍한 일이었어요!"

그리고 그들은 수많은 성난 표범 떼로부터 자신들을 지켜주고 俗世 □□ 를 떠난 다른 한 명에 대해 이야기했습니다.

"마을의 훌륭한 인재 □□ 가 客地 □□ 에서 그렇게 안타깝게 죽다니……."

학교에 모인 사람들은 모두 울음을 터뜨렸지요. 그 때, 室內 □ · □ 에서 놀던 한 소녀가 뛰어나와 바닥에 세워진 곡식 자루를 세어 보고 말했습니다.

보기 林   人材   속세   촌장   실내   객지

"어? 곡식 자루는 열두 개 맞는데요?"

그러자 마을의 어른인 村長 □□ 이 돌아온 남자들의 수를 세어보았습니다.

"열두 명이 맞군. 그렇다면 표범한테 물려 갔던 사람이 돌아온 것임에 틀림없어!"

마을 사람들은 기쁨의 소리를 질렀습니다.

"그는 혼자서 표범을 물리치고 돌아왔어!"

"울창한 **수풀** □ 을 헤치고 다친 데도 하나 없이! 그는 우리 마을의 영웅이야!"

마을 사람들은 그 자리에서 곧바로 잔치를 벌이기로 결정했습니다.

그리고 밤새도록 흥겨운 춤과 노래로 영웅을 기렸다고 합니다.

확인하기 | 世 : 세상/인간 세(D4-13)　　人 : 사람 인(A3-11)　　地 : 땅 지(C3-9)　　內 : 안 내(C2-5)　　長 : 길/어른 장(D3-11)

마무리하기

他 位 俗 保

빈 칸에 알맞은 훈음을 쓰고 필순에 맞게 한자를 쓰세요.

	ノ 亻 仂 仳 他
他 1.	他 他
位 2.	ノ 亻 亻 仁 仲 付 位 位 位 位
俗 3.	ノ 亻 亻 仁 仲 仲 伀 俗 俗 俗 俗
保 4.	ノ 亻 亻 仁 尸 俨 俘 保 保 保 保

빈 칸에 알맞은 한자를 쓰세요.

1. 他 — 他地 (타지), 他人 (타인), 自他 (자타)

2. 位 — 方位 (방위), 品位 (품위), 單位 (단위)

3. 俗 — 民俗 (민속), 風俗 (풍속), 世俗 (세속)

4. 保 — 保全 (보전), 安保 (안보), 保有 (보유)

마무리 하기

守 室 客 定

🔸 빈 칸에 알맞은 훈음을 쓰고 필순에 맞게 한자를 쓰세요.

		｀ 宀 宀 守 守	
1.	守	守	
		｀ 宀 宀 宀 宊 宊 宰 室	
2.	室	室	
		｀ 宀 宀 宀 宊 客 客	
3.	客	客	
		｀ 宀 宀 宀 宁 定 定	
4.	定	定	

F2-123a 기탄한자

빈 칸에 알맞은 한자를 쓰세요.

1. 守

□則	保□	□兵
수칙	보수	수병

2. 室

□內	居□	王□
실내	거실	왕실

3. 客

主□	□室	□地
주객	객실	객지

4. 定

一□	決□	安□
일정	결정	안정

마무리 하기

林 村 材 校

빈 칸에 알맞은 훈음을 쓰고 필순에 맞게 한자를 쓰세요.

1. 林 　一 十 才 木 木 村 材 林

2. 村 　一 十 才 木 木 村 村

3. 材 　一 十 才 木 木 村 材

4. 校 　一 十 才 木 木 木 枋 枋 校

빈 칸에 알맞은 한자를 쓰세요.

1. 林

山 [ ]	國有 [ ]	竹 [ ]
산림	국유림	죽림

2. 村

山 [ ]	漁 [ ]	民俗 [ ]
산촌	어촌	민속촌

3. 材

木 [ ]	石 [ ]	人 [ ]
목재	석재	인재

4. 校

下 [ ]	[ ] 長	[ ] 門
하교	교장	교문

요리조리 漢字 퍼즐

설명에 맞도록 빈 칸에 알맞은 한자를 써 넣어 퍼즐을 완성하세요.

가로열쇠

③ 국유림 : 국가 소유의 산림
④ 실내 : 방 안. 집 안
⑤ 자타 : 자기와 남
⑧ 인재 : 학식과 능력이 뛰어난 사람
⑨ 민속촌 : 옛 민속을 보존함으로써 전통미를 간직하고 있는 마을

세로열쇠

① 보유 : 가지고 있음
② 객실 : 손을 접대하거나 거처하게 하려고 마련한 방
⑥ 타인 : 다른 사람. 남
⑦ 산촌 : 산 속에 자리한 마을

		①		②		
③國	有		④	内		
			⑤自	⑥		
⑦山			⑧人			
⑨民						

📖 전래동화를 읽고 물음에 답하세요.

고양이와 푸른 구슬

어느 ㉠어촌에 늙은 부부가 살고 있었습니다. 그 집에는 개와 고양이가 한 마리씩 살고 있었지요.
어느 날, 할아버지는 바닷가에서 큰 물고기 한 마리를 잡았어요. 그런데 할아버지는 물고기가 불쌍하여 다시 바다에 놓아 주었어요. 다음 날, 낚시를 하고 있는 할아버지 앞에 ㉡他地에서 온 듯한 낯선 젊은이가 나타났어요.
"저는 용왕님이 보낸 심부름꾼입니다. 어제 할아버지가 놓아 주신 물고기는 바로 용왕님의 아드님이십니다. 그래서 할아버지께 이 푸른 구슬을 드리겠습니다. 이 구슬은 소원을 들어주는 구슬이랍니다."

할아버지와 할머니는 그 구슬 덕분에 큰 부자가 되었답니다. 그런데 이 소식을 들은 건넛마을 할머니는 방물장수로 변장을 해서 몰래 구슬을 훔쳐서 나왔지요.
그런데 개와 고양이가 그것을 보고는, 건넛마을 할머니의 집까지 찾아가, 구슬을 다시 빼앗아 왔지요.
집으로 다시 돌아가려면 강을 건너야만 했어요. 고양이는 헤엄을 못 쳤기 때문에 푸른 구슬을 입에 문 채 개의 등에 업혀갔지요. 한참을 헤엄치던 개가 물었어요.
"구슬 잘 갖고 있지?"
"그래!"
그 순간, 고양이의 입 안에 있던 구슬은 바다 속으로 풍덩 빠져버렸어요. 힘이 쭉 빠진 개와 고양이가 터덜터덜 집으로 돌아가던 참이었습니다. 고양이가 물고기 한 마리를 잡았는데
이상하게도 그 물고기는 배가 아주 불룩했어요. 그것을 본 할아버지가
물고기의 배를 갈라 보니, 그 속에는 잃어 버린 푸른 구슬이 들어
있었어요.
할머니와 할아버지는 고양이를 쓰
다듬으며 매우 기뻐했어요.
그 때부터 고양이는 집 안에
서 사람들의 사랑을 받으며
살았고, 개는 집 밖에서 살
기 시작했다고 합니다.

1. ㉠을 한자로 바꾸어 쓰세요.

2. ㉡의 음을 쓰세요.

1. 다음 한자의 훈음을 쓰세요.

1) 定   2) 保   3) 他

4) 林   5) 客   6) 守

7) 材   8) 俗   9) 位

10) 室   11) 校   12) 村

2. 다음 빈 칸에 들어갈 한자를 보기 에서 찾아 쓰세요.

보기: 林 村 材 校 守 他 室 客 俗 保

13) ☐地 … 타지
14) 民☐ … 민속
15) 人☐ … 인재
16) ☐有 … 보유
17) 下☐ … 하교
18) 山☐ … 산림
19) 山☐ … 산촌
20) ☐兵 … 수병
21) ☐內 … 실내
22) 主☐ … 주객

3. 다음 풀이와 한자어를 바르게 연결하세요.

23) 학교의 정문 • • 自他

24) 자기와 남 • • 竹林

25) 나무로 된 재료 • • 木材

26) 사람이나 물건이 지닌 좋은 인상 • • 品位

27) 대나무 숲 • • 校門

4. 왼쪽의 한자어가 되도록 바르게 연결하세요.

28) 보전 • 方 • 村

29) 교장 • 客 • 長

30) 객실 • 保 • 室

31) 방위 • 校 • 位

32) 어촌 • 漁 • 全

5. 다음 훈음에 알맞은 한자를 쓰세요.

33) 정할 정
34) 다를 타
35) 손님 객
36) 자리 위
37) 풍속 속
38) 지킬 보
39) 지킬 수
40) 집 실
41) 수풀 림
42) 학교 교
43) 마을 촌
44) 재목 재

귤과 탱자

중국 춘추 시대 말기, 제나라에 안영이란 유명한 재상이 있었습니다. 한번은 초나라 영왕이 그를 초청했습니다. 안영이 워낙 유명하니까 만나보고 싶은 욕망과 코를 납작하게 만들고 싶은 심술이 작용해서였습니다. 안영이 오자 영왕이 말을 하였습니다.

"제나라에는 그렇게도 사람이 없소? 경과 같은 사람을 사신으로 보내게?"

안영의 키가 너무 작은 것을 비웃는 영왕의 말이었습니다.

"사람이야 많이 있지요. 우리 제나라에서는 사신을 보낼 때 상대방 나라에 맞게 사람을 골라 보내는 관례가 있습니다. 작은 나라에는 작은 사람을, 큰 나라에는 큰 사람을 보내는 데 신은 그 중에서도 가장 작은 편에 속하기 때문에 뽑혀서 초나라로 왔습니다."

라고 안영은 태연하게 대답하였습니다. 그 때 마침 포졸이 죄인을 끌고 지나갔습니다.

"여봐라! 그 죄인은 어느 나라 사람이냐?"

"예, 제나라 사람이온데, 절도 죄인입니다." 영왕은 안영에게 다시 물었습니다.

"제나라 사람은 원래 도둑질을 잘 하오?"

안영에게 모욕을 주려는 것이었습니다.

그러나 안영은 또다시 초연한 태도로 말하는 것이었습니다.

"강남에 귤(橘)이 있는데 그것을 강북에 옮겨 심으면(化) 탱자(枳)가 되고(爲) 마는 것은 토질 때문입니다. 제나라 사람이 제나라에 있을 때는 원래 도둑질이 무엇인지도 모르고 자랐는데 그가 초나라에 와서 도둑질한 것을 보면, 역시 초나라의 풍토 때문인 줄 압니다."

그 기지와 태연함에 영왕은 안영에게 사과를 했습니다.

橘 : 귤 귤   化 : 될 화(C1-1)   爲 : 될/할 위   枳 : 탱자 지

· 橘化爲枳(귤화위지) : 강남에 심은 귤을 기후와 풍토가 다른 강북에 옮겨 심으면 탱자가 되듯이 사람도 주위 환경에 따라 달라짐을 비유하는 말.

형성평가

F단계 8호

왼쪽의 훈음에 알맞은 한자를 쓰세요.

1. 훈 : 자리 / 음 : 위 ☐
2. 훈 : 수풀 / 음 : 림 ☐

다음 물음에 답하세요.

3. 다음 한자와 음이 바르게 연결되지 않은 것을 고르세요.
   ① 他 - 타   ② 保 - 보   ③ 校 - 교   ④ 客 - 용

4. 다음 한자와 훈이 바르게 연결되지 않은 것을 고르세요.
   ① 村 - 마디   ② 俗 - 풍속   ③ 守 - 지킬   ④ 材 - 재목

5. 다음 빈 칸에 알맞은 한자와 훈음을 쓰세요.

   🧑 → 亻 + 谷 → ☐ ☐

6. 다음 설명에 알맞은 한자를 쓰세요.

   木(나무 목)과 寸(마디 촌)을 합해 만든 한자입니다. 나무가 많은 곳에 의지하며 촘촘히 집들이 모여 있음을 나타내어 **마을, 시골**을 뜻하는 한자입니다. ☐

다음 한자어의 음을 쓰세요.

7. 安保 ☐☐
8. 守兵 ☐☐
9. 校門 ☐☐
10. 民俗村 ☐☐☐

다음 빈 칸에 공통적으로 들어갈 한자를 보기 에서 찾아 쓰세요.

보기: 室　　村　　他　　材

11. ☐인　　☐지　　자☐ ⋯ ☐

12. ☐내　　거☐　　왕☐ ⋯ ☐

13. 목☐　　석☐　　인☐ ⋯ ☐

다음 물음에 답하세요.

14. '흔들림이 없이 안전하게 자리잡음' 을 뜻하는 한자어를 고르세요.

① 安定　　② 世俗　　③ 方位　　④ 守兵

15. '민간의 풍속' 을 뜻하는 한자어를 고르세요.

① 一定　　② 保守　　③ 民俗　　④ 山林

16. 漁村의 알맞은 풀이를 고르세요.

① 학식과 능력이 뛰어난 사람　　② 학교의 정문
③ 어민이 모여 사는 바닷가에 있는 마을　　④ 결단을 내려 확정함

다음 보기 에서 알맞은 한자어를 찾아 쓰세요.

보기: 單位　　下校　　山村　　竹林

17. 단 위

18. 하 교

19. 죽 림

20. 산 촌

정답 수	평가 결과 및 향후 진도
16~20문항	잘했어요. F3집 9호로 진행하세요.
11~15문항	부족해요. 틀린 문제의 한자를 다시 학습한 후 F3집 9호로 진행하세요.
10문항 이하	많이 부족해요. 이번 호를 복습한 후 다음 호로 진행하세요.

他	位	俗	保
다를 타	자리 위	풍속 속	지킬 보

守	室	客	定
지킬 수	집 실	손님 객	정할 정

林	村	材	校
수풀 림	마을 촌	재목 재	학교 교

他 位 俗 保

守 室 客 定

林 村 材 校

F단계 8호 해답

113a	1. 다를 타	2. 자리 위	3. 풍속 속
	4. 지킬 보	5. 지킬 수	6. 집 실
113b	7. 손님 객	8. 정할 정	9. 수풀 림
	10. 마을 촌	11. 재목 재	12. 학교 교
114a	1. 다를, 타	2. 자리, 위	
	3. 풍속, 속	4. 지킬, 보	
114b	1. 亻, 다를, 타	2. 亻, 立, 자리, 위	
	3. 亻, 풍속, 속	4. 亻, 지킬, 보	
115a	1. 지킬, 수	2. 집, 실	
	3. 손님, 객	4. 정할, 정	
115b	1. 寸, 지킬, 수	2. 집, 실	
	3. 各, 손님, 객	4. 정할, 정	
116a	1. 수풀, 림	2. 마을, 촌	
	3. 재목, 재	4. 학교, 교	
116b	1. 木, 木, 수풀, 림	2. 木, 寸, 마을, 촌	
	3. 木, 才, 재목, 재	4. 木, 交, 학교, 교	
118a	안보, 민속, 방위, 타인		
118b	1. 타지, 自他	2. 품위, 방위	
	3. 민속, 세속	4. 保全, 보유	
119a	수병, 결정, 실내, 주객		
119b	1. 수병, 보수	2. 왕실, 거실	
	3. 객실, 객지	4. 안정, 一定	
120a	산림, 어촌, 하교, 인재		
120b	1. 국유림, 竹林	2. 산촌, 어촌	
	3. 木材, 石材	4. 校門, 하교	
121a	속세, 人材, 객지, 실내		
121b	촌장, 林		
125b	① 保	② 客, 室	③ 林
	④ 室	⑤, ⑥ 他	⑦ 村
	⑧ 材	⑨ 俗, 村	
126a	1. 漁村	2. 타지	
126b	1) 정할 정	2) 지킬 보	3) 다를 타
	4) 수풀 림	5) 손님 객	6) 지킬 수
	7) 재목 재	8) 풍속 속	9) 자리 위
	10) 집 실	11) 학교 교	12) 마을 촌
	13) 他 14) 俗 15) 材 16) 保 17) 校		
	18) 林 19) 村 20) 守 21) 室 22) 客		

127a
23) 학교의 정문 — 校門
24) 자기와 남 — 自他
25) 나무로 된 재료 — 木材
26) 사람이나 물건이 지닌 좋은 인상 — 品位
27) 대나무 숲 — 竹林
28) 보전 — 保
29) 교장 — 校長
30) 객실 — 客室
31) 방위 — 方位
32) 어촌 — 漁村

127b
33) 定 34) 他 35) 客 36) 位 37) 俗
38) 保 39) 守 40) 室 41) 林 42) 校
43) 村 44) 材

형성평가

1. 位	2. 林	3. ④
4. ①	5. 俗, 풍속 속	6. 村
7. 안보	8. 수병	9. 교문
10. 민속촌	11. 他	12. 室
13. 材	14. ①	15. ③
16. ③	17. 單位	18. 下校
19. 竹林	20. 山村	

펴낸이 : 정지향
펴낸곳 : (주)기탄교육
기획·편집·디자인 : 기탄교육연구소
주소 : 06698 서울특별시 서초구 효령로 42 기탄출판문화센터
등록 : 제22-1740호
전화 : (02) 586-1007
팩스 : (02) 586-2337

※ 서점에 갈 시간이 없거나 구하기 어려운 분은 인터넷 또는 전화로 신청하세요. 즉시 우송해 드립니다.
● www.gitan.co.kr

ⓒ 2005 (주)기탄교육 All rights reserved.
저작권자의 동의 없이 본 교재를 무단으로 복제하거나 전재하는 것을 금합니다.

F 단계에서 배운 한자들

守 지킬 수	室 집 실	客 손님 객	定 정할 정	林 수풀 림	村 마을 촌	材 재목 재	校 학교 교
海 바다 해	洋 큰바다 양	漁 고기잡을 어	洗 씻을 세	他 다를 타	位 자리 위	俗 풍속 속	保 지킬 보
仁 어질 인	仙 신선 선	信 믿을 신	休 쉴 휴	安 편안 안	宅 집 택	官 벼슬 관	容 얼굴 용

기획·편집·디자인 기탄교육연구소 | **디자인** So good
원고 집필 서정화 여찬수 김호기 이은영 | **캐릭터 디자인** 강소연 | **일러스트** 1집: 나옥주 안창숙 홍경아 김순영 윤미란 2집: 안창숙 나옥주 홍경아 김하영 이야기상자
3집: 김순영 김은경 김하영 홍숙희 이윤하 4집: 김은경 박선영 김순영 김하영 윤지현 | **만화** 마스터플랜 | **전자 편집** 푸른길
주소 06698 서울특별시 서초구 효령로 42 기탄출판문화센터 | **전화** (02) 586-1007 | **팩스** (02) 586-2337
ⓒ 2005 (주)기탄교육 All rights reserved. 본 교재의 저작에 관한 모든 권리는 (주)기탄교육에 있습니다. 저작권자의 동의 없이 본 교재를 무단으로 복제하거나 전재하는 것을 금합니다.

기탄 교과서 한자
쓰기 보따리

F2집
65a - 128a

기초부터 탄탄하게
G 기탄교육

F단계 2집

필순이란?

한자를 가장 쉽고 편하게 쓰는 순서를 말합니다. 필순에 따라 한자를 쓰면 글자의 형태에 따른 짜임새를 파악하기 쉽고 맵시 있는 모양으로 한자를 써 나갈 수 있습니다.

 이와 같이 필순이란 한자의 모양을 정돈하고 바르게 쓰기 위해 오랜 세월동안 연구되어 오고 오늘날까지 전해져 내려온 것이므로 필순에 따라서 한자를 쓰는 것이 바람직합니다. 그러므로 한자마다 일정한 필순을 지니고 있습니다. 그러나 예외가 있는 것도 인정되고 한 글자에 두 가지의 필순이 있는 것도 있습니다. 이는 필순이 서로 다른 것이 존재한다는 것이지 틀린 것이 아닙니다.

 예전처럼 붓으로 한자를 쓰던 시대에는 점과 획의 순서와 방향에 따라 글자의 모양도 영향을 받았으나 현재처럼 필기구가 변화되고 컴퓨터에 의한 입력이 대부분인 시대에 와서는 예외적인 필순의 통용이 더욱 증가되는 추세입니다. 하지만 일반적인 필순은 반드시 지켜야 하는 기본 원칙이 존재합니다. 이 기본 원칙은 꼭 지키며 한자를 쓰는 습관이 중요합니다.

 F단계 2집에서 익힌 한자와 한자어를 필순의 기본 원칙을 지키며 써 보세요.

漢字쓰기

✏️ 他의 훈음을 큰소리로 읽고 필순에 맞게 한자를 쓰세요.

다를 타

ノ亻仂他他

他	他	他	他
다를 타	다를 타	다를 타	다를 타

他
亻부수 – 총 5획

● 他로 만든 한자어 : 他人(타인)　他地(타지)　自他(자타)

漢字쓰기

位의 훈음을 큰소리로 읽고 필순에 맞게 한자를 쓰세요.

자리 위

位
亻 부수 - 총 7획

ノ 亻 亻 仁 什 位 位

位
자리 위

● 位로 만든 한자어 : 方位(방위)   品位(품위)   單位(단위)

漢字쓰기

俗의 훈음을 큰소리로 읽고 필순에 맞게 한자를 쓰세요.

俗
풍속 속

丿 亻 亻 亽 伀 伀 俗 俗 俗

俗
풍속 속

亻 부수 – 총 9획

● 俗으로 만든 한자어 : 民俗(민속)   風俗(풍속)   世俗(세속)

漢字쓰기

保의 훈음을 큰소리로 읽고 필순에 맞게 한자를 쓰세요.

지킬 보

ノ 亻 亻 亿 亿 仨 伢 伢 保

保 保 保 保

지킬 보   지킬 보   지킬 보   지킬 보

亻 부수 - 총 9획

● 保로 만든 한자어 : 保全(보전)   安保(안보)   保有(보유)

F2집 쓰기 보따리 -4

漢字쓰기

✏️ 守의 훈음을 큰소리로 읽고 필순에 맞게 한자를 쓰세요.

守
지킬 수

` 丶 宀 宀 守 守

守	守	守	守
지킬 수	지킬 수	지킬 수	지킬 수

守
宀 부수 – 총 6획

● 守로 만든 한자어 : 守則(수칙)   保守(보수)   守兵(수병)

漢字쓰기

室의 훈음을 큰소리로 읽고 필순에 맞게 한자를 쓰세요.

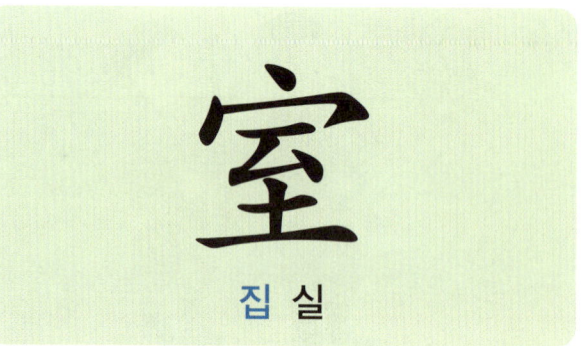

집 실

丶丶宀宁宁宏室室室

室
집 실

室
宀 부수 - 총 9획

● 室로 만든 한자어 : 室内(실내)　居室(거실)　王室(왕실)

漢字쓰기

客의 훈음을 큰소리로 읽고 필순에 맞게 한자를 쓰세요.

客
손님 객

丶丶宀宀宀宀客客客

客
손님 객

宀 부수 - 총 9획

● 客으로 만든 한자어 : 主客(주객)　客室(객실)　客地(객지)

漢字쓰기

✏ 定의 훈음을 큰소리로 읽고 필순에 맞게 한자를 쓰세요.

정할 정

丶丶宀宀宁宇定定

定
정할 정

定
宀 부수 – 총 8획

● 定으로 만든 한자어 : 一定(일정)   決定(결정)   安定(안정)

漢字쓰기

🌿 林의 훈음을 큰소리로 읽고 필순에 맞게 한자를 쓰세요.

수풀 림

一 十 才 木 木 木 村 材 林

林	林	林	林
수풀 림	수풀 림	수풀 림	수풀 림

木 부수 – 총 8획

● 林으로 만든 한자어 : 山林(산림)   國有林(국유림)   竹林(죽림)

漢字쓰기

村의 훈음을 큰소리로 읽고 필순에 맞게 한자를 쓰세요.

마을 촌

一 十 オ 木 木 村 村

村	村	村	村
마을 촌	마을 촌	마을 촌	마을 촌

木 부수 – 총 7획

● 村으로 만든 한자어 : 山村(산촌)   漁村(어촌)   民俗村(민속촌)

漢字쓰기

✏️ 材의 훈음을 큰소리로 읽고 필순에 맞게 한자를 쓰세요.

재목 재

一 十 オ 木 木 村 材

材	材	材	材
재목 재	재목 재	재목 재	재목 재

木 부수 – 총 7획

● 材로 만든 한자어 : 木材(목재)   石材(석재)   人材(인재)

漢字 쓰기

✏️ 校의 훈음을 큰소리로 읽고 필순에 맞게 한자를 쓰세요.

校
학교 교

一 十 才 木 杧 杧 杧 杧 杧 校

校	校	校	校
학교 교	학교 교	학교 교	학교 교

校
木 부수 - 총 10획

● 校로 만든 한자어 : 下校(하교)   校長(교장)   校門(교문)

漢字語 쓰기

👉 他가 들어가는 한자어를 알아보고 빈 칸에 한자어를 쓰세요.

 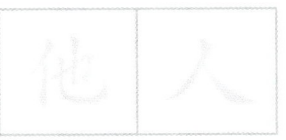  

他人(타인) : 다른 사람. 남

他地(타지) : 다른 지방. 딴 곳

自他(자타) : 자기와 남

👉 빈 칸에 알맞은 한자를 써 넣어 他가 들어가는 한자어를 알아보세요.

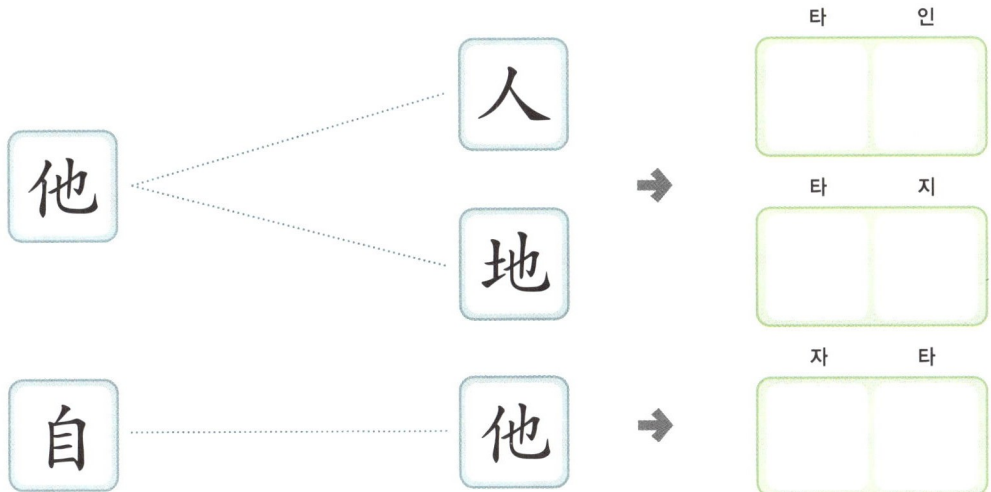

漢字語 쓰기

📝 位가 들어가는 한자어를 알아보고 빈 칸에 한자어를 쓰세요.

方位(방위) : 동서남북을 기준으로 하여 정한 방향

品位(품위) : 사람이나 물건이 지닌 좋은 인상

單位(단위) : 길이,넓이,무게, 양 등을 수치로 나타내기 위하여 계산의 기본으로 정해 놓은 기준

📝 빈 칸에 알맞은 한자를 써 넣어 位가 들어가는 한자어를 알아보세요.

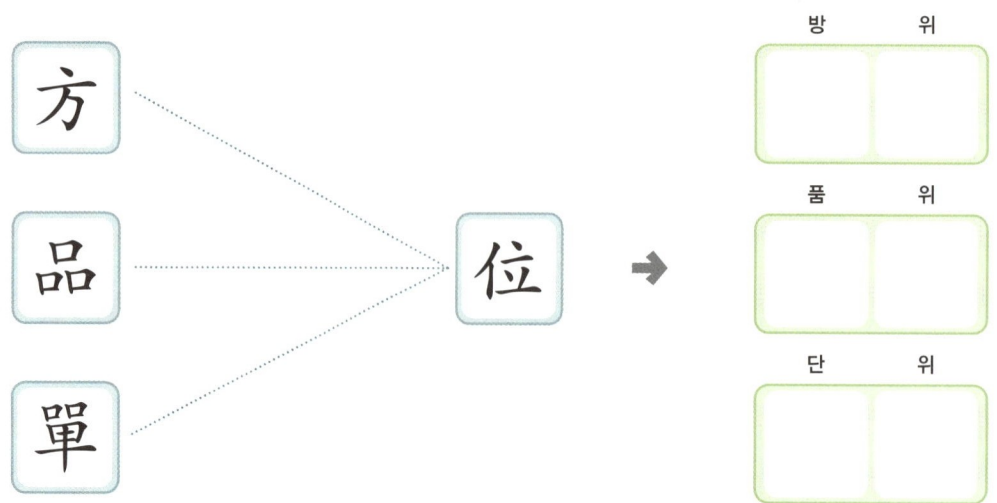

漢字語 쓰기

🔸 俗이 들어가는 한자어를 알아보고 빈 칸에 한자어를 쓰세요.

民俗(민속) : 민간의 풍속

風俗(풍속) : 예로부터 지켜 내려오는 생활에 관한 사회적 습관

世俗(세속) : 이 세상

🔸 빈 칸에 알맞은 한자를 써 넣어 俗이 들어가는 한자어를 알아보세요.

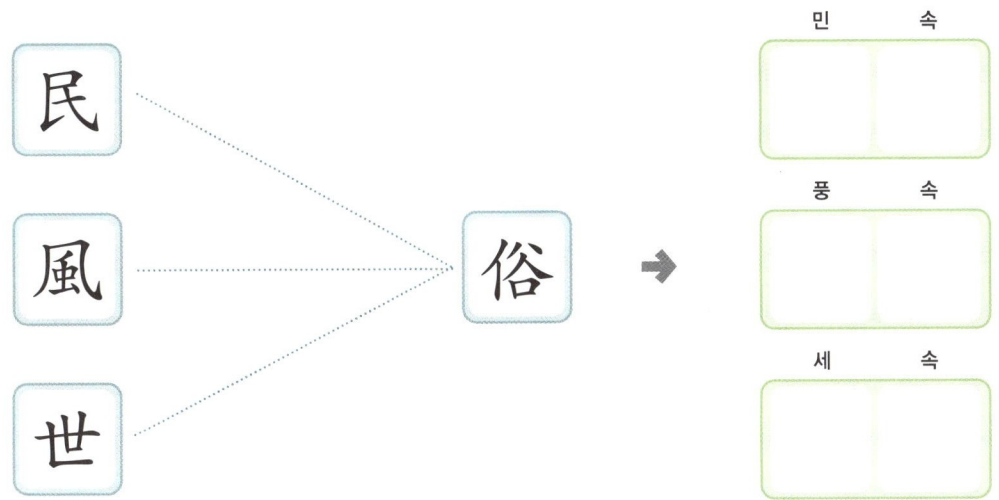

漢字語 쓰기

🍃 保가 들어가는 한자어를 알아보고 빈 칸에 한자어를 쓰세요.

保全(보전) : 온전하게 잘 지키거나 지님

安保(안보) : 외국으로부터의 침략에 대하여 국가의 안전을 지키는 일

保有(보유) : 가지고 있음

🌏 빈 칸에 알맞은 한자를 써 넣어 保가 들어가는 한자어를 알아보세요.

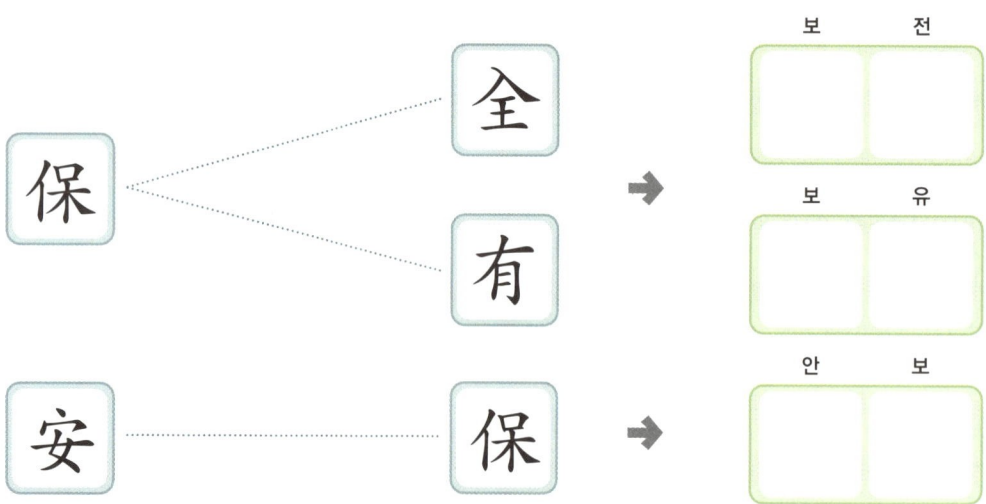

漢字語 쓰기

🔷 守가 들어가는 한자어를 알아보고 빈 칸에 한자어를 쓰세요.

守則(수칙) : 지키도록 정해진 규칙

保守(보수) : 오랜 습관·제도·방법 등을 소중히 여겨 그대로 지킴

守兵(수병) : 수비하는 병사

🔷 빈 칸에 알맞은 한자를 써 넣어 守가 들어가는 한자어를 알아보세요.

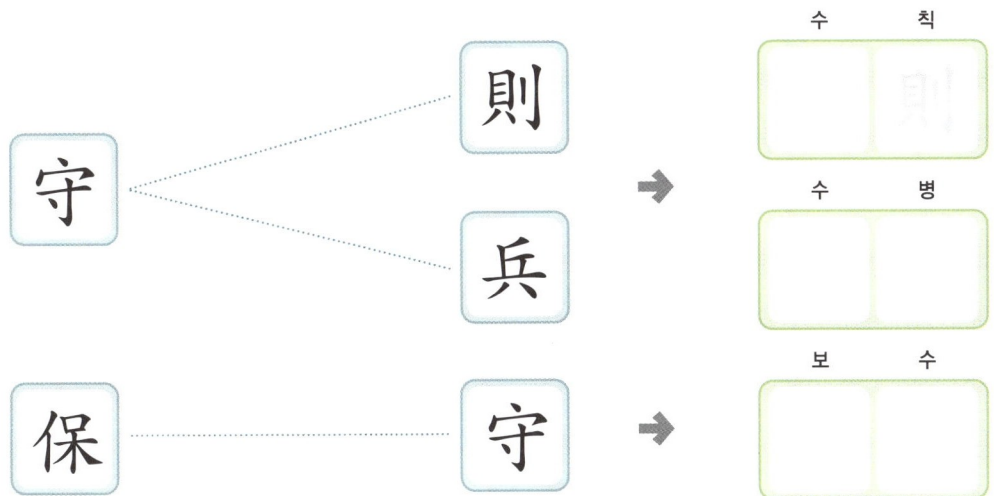

漢字語 쓰기

室이 들어가는 한자어를 알아보고 빈 칸에 한자어를 쓰세요.

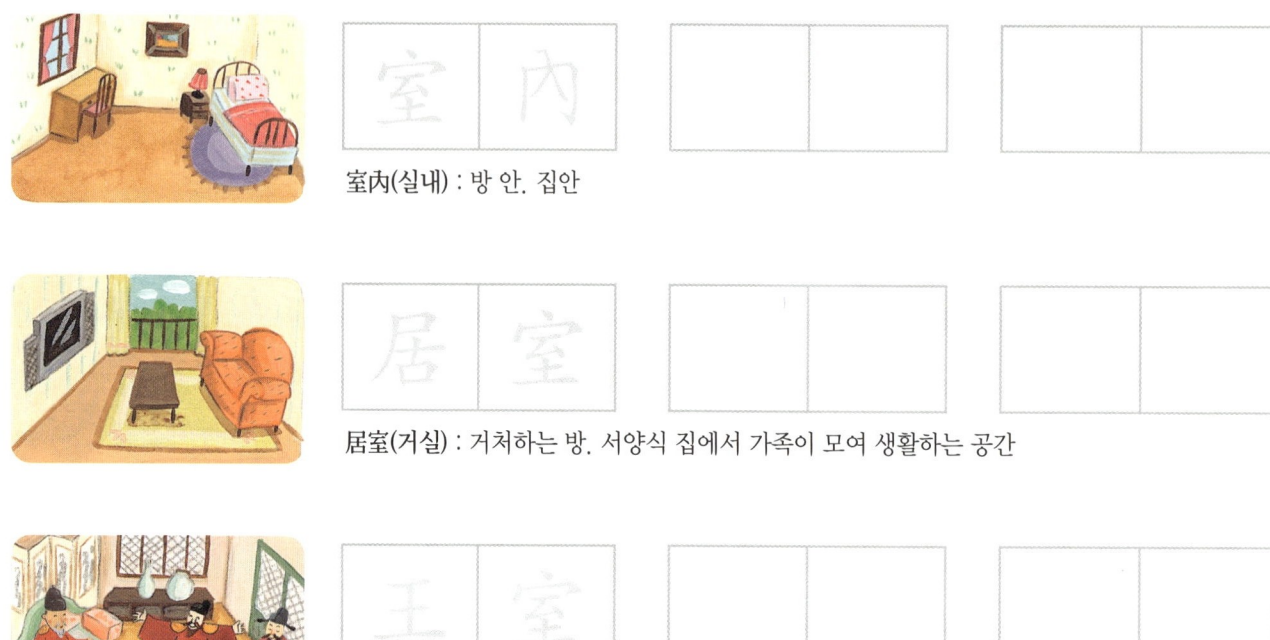

室內(실내) : 방 안. 집안

居室(거실) : 거처하는 방. 서양식 집에서 가족이 모여 생활하는 공간

王室(왕실) : 왕의 집안

빈 칸에 알맞은 한자를 써 넣어 室이 들어가는 한자어를 알아보세요.

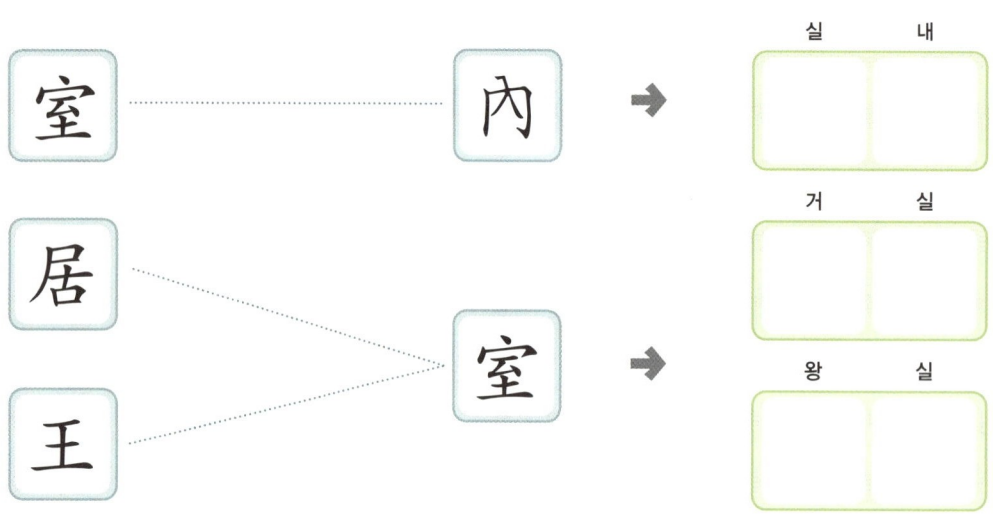

漢字語 쓰기

◐ 客이 들어가는 한자어를 알아보고 빈 칸에 한자어를 쓰세요.

主客(주객) : 주인과 손. 주되는 사물과 그에 딸린 사물

客室(객실) : 손을 접대하거나 거처하게 하려고 마련한 방

客地(객지) : 자기가 살던 고장을 떠나 임시로 머무르는 곳

◐ 빈 칸에 알맞은 한자를 써 넣어 客이 들어가는 한자어를 알아보세요.

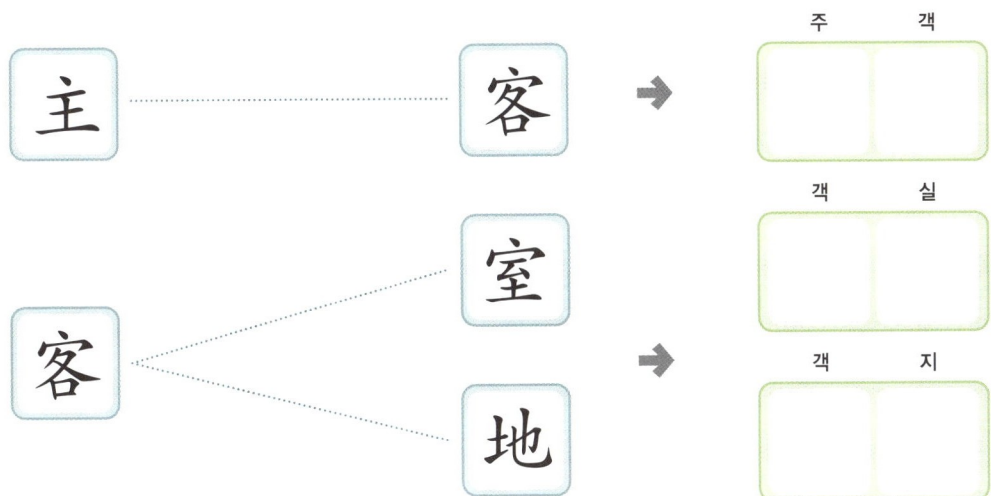

📖 定이 들어가는 한자어를 알아보고 빈 칸에 한자어를 쓰세요.

一定(일정) : 정해져 있어 바뀌거나 달라지지 않고 한결같음

決定(결정) : 결단을 내려 확정함

安定(안정) : 흔들림이 없이 안전하게 자리 잡음

✏️ 빈 칸에 알맞은 한자를 써 넣어 定이 들어가는 한자어를 알아보세요.

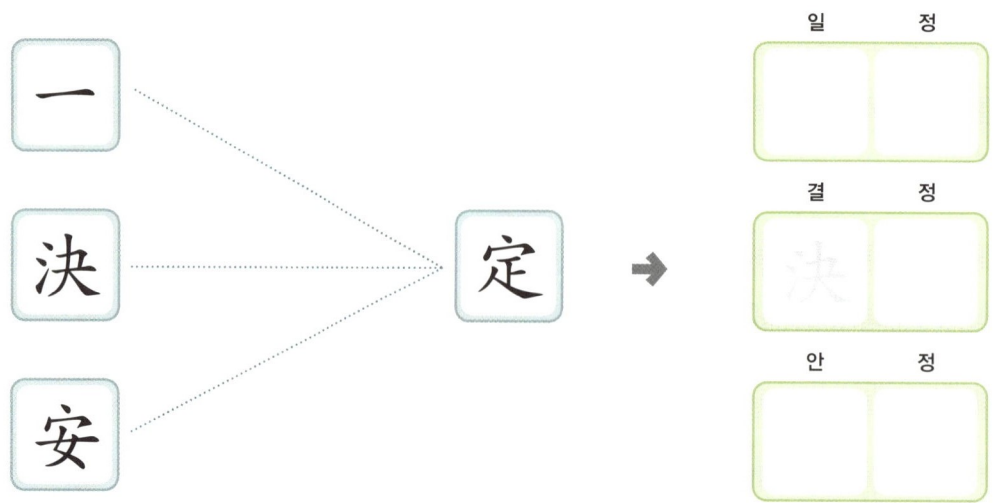

漢字語 쓰기

🍃 林이 들어가는 한자어를 알아보고 빈 칸에 한자어를 쓰세요.

山林(산림) : 산과 숲. 산에 있는 숲

國有林(국유림) : 국가 소유의 산림

竹林(죽림) : 대나무 숲

🍃 빈 칸에 알맞은 한자를 써 넣어 林이 들어가는 한자어를 알아보세요.

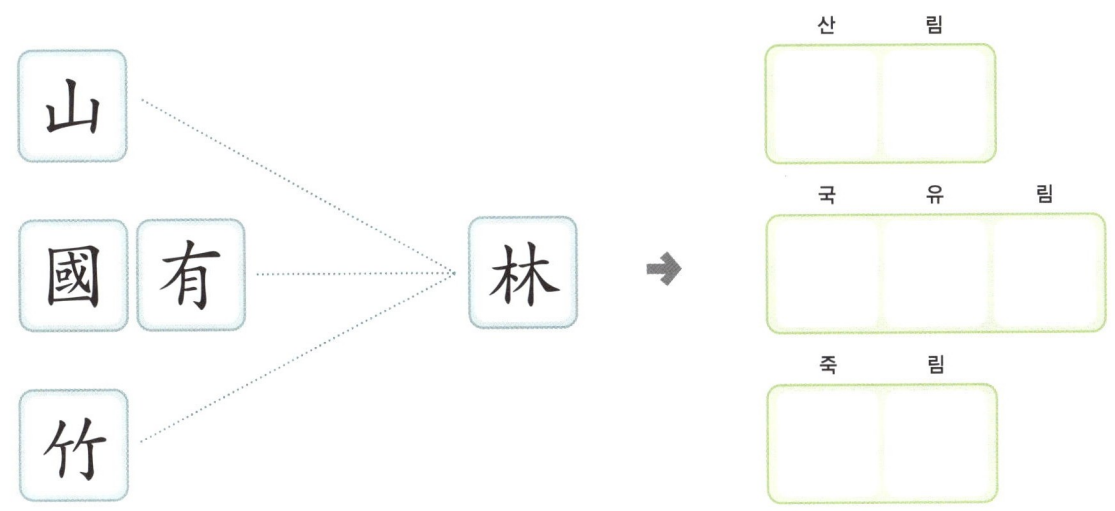

🔖 村이 들어가는 한자어를 알아보고 빈 칸에 한자어를 쓰세요.

山村(산촌) : 산 속에 자리한 마을

漁村(어촌) : 어민이 모여 사는 바닷가에 있는 마을

民俗村(민속촌) : 옛 민속을 보존함으로써 전통미를 간직하고 있는 마을

 빈 칸에 알맞은 한자를 써 넣어 村이 들어가는 한자어를 알아보세요.

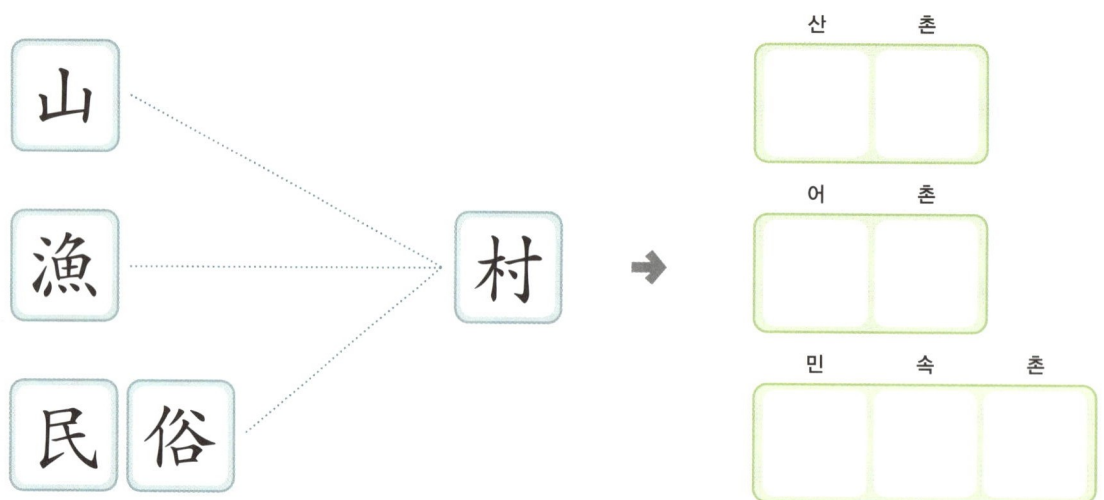

漢字語 쓰기

🔶 材가 들어가는 한자어를 알아보고 빈 칸에 한자어를 쓰세요.

木材(목재) : 나무로 된 재료

石材(석재) : 토목, 건축 및 비석 조각 따위의 재료로 쓰는 돌

人材(인재) : 학식과 능력이 뛰어난 사람

🔶 빈 칸에 알맞은 한자를 써 넣어 材가 들어가는 한자어를 알아보세요.

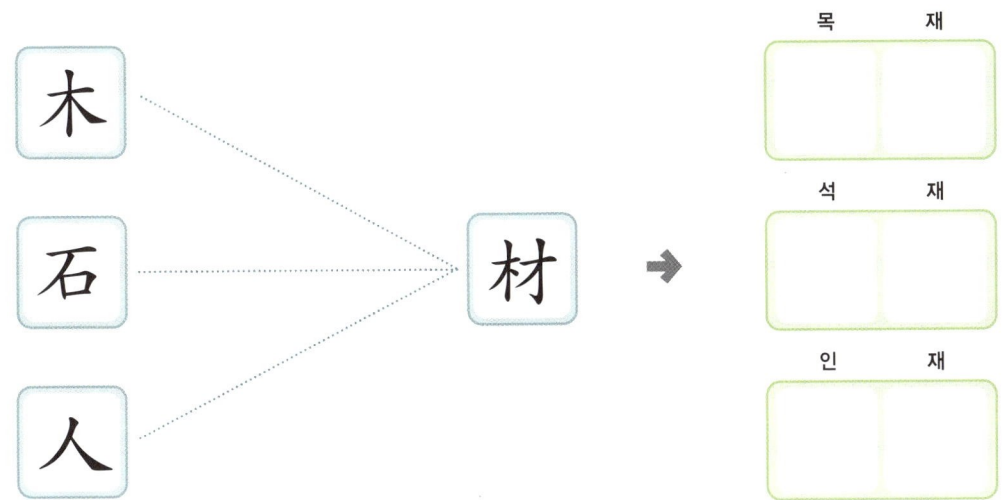

漢字語 쓰기

◎ 校가 들어가는 한자어를 알아보고 빈 칸에 한자어를 쓰세요.

下校(하교) : 학교에서 공부를 마치고 돌아옴

校長(교장) : 학교의 교육 및 사무에 대하여 관리 감독하고, 대외적으로는 학교를 대표하는 사람

校門(교문) : 학교의 정문

◎ 빈 칸에 알맞은 한자를 써 넣어 校가 들어가는 한자어를 알아보세요.

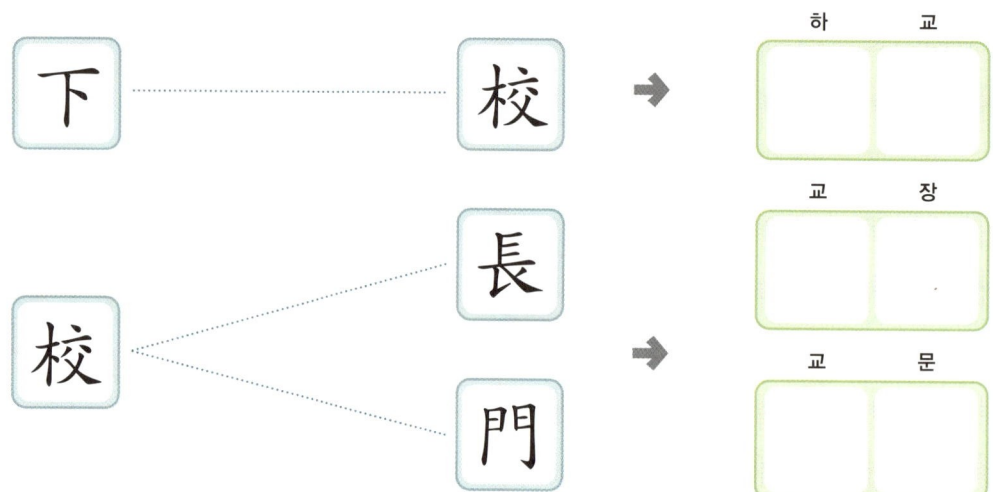

필순의 일반적 원칙

1. 위에서 아래로 씁니다.

　　三 : 一 二 三　　言 : ` 亠 亖 言 言 言

2. 왼쪽에서 오른쪽으로 씁니다.

　　川 : ノ 丿 川　　林 : 一 十 才 木 木 村 材 林

3. 가로획과 세로획이 교차될 때는 가로획을 먼저 씁니다.

　　十 : 一 十　　土 : 一 十 土

4. 좌우의 모양이 같을 때는 가운데를 먼저 씁니다.

　　小 : 亅 小 小　　水 : 亅 氵 水 水

5. 전체를 꿰뚫는 획은 제일 나중에 씁니다.

　　中 : 丨 冂 口 中　　母 : 乚 ㄅ 刄 母 母

6. 바깥쪽과 안쪽이 있을 때는 바깥쪽을 먼저 씁니다.

　　風 : 丿 几 凡 凡 凨 凬 風 風 風　　向 : ´ 亻 冂 向 向 向

7. 둘레를 막아 주는 획은 마지막에 씁니다.

　　目 : 丨 冂 冂 月 目　　四 : 丨 冂 冂 四 四

기탄 한자 쓰기 보따리

펴낸이 : 정지향 | **펴낸곳** : (주)기탄교육 | **기획·편집·디자인** : 기탄교육연구소
주소 : 06698 서울특별시 서초구 효령로 42 기탄출판문화센터 | **등록** : 제22-1740호 | **전화** : (02)586-1007 | **팩스** : (02)586-2337

※서점에 갈 시간이 없거나 구하기 어려운 분은 인터넷 또는 전화로 신청하세요. 즉시 우송해 드립니다. www.gitan.co.kr

ⓒ 2005 (주)기탄교육 All rights reserved. 본 교재의 저작에 관한 모든 권리는 (주)기탄교육에 있습니다.
저작권자의 동의 없이 본 교재를 무단으로 복제하거나 전재하는 것을 금합니다.